交易二元期权：一个投机者的欢乐盈利指南

【葡萄牙】乔斯·曼努埃尔·莫雷拉巴蒂斯塔　著

康民　译

山西出版传媒集团
山西人民出版社

图书在版编目（CIP）数据

交易二元期权：一个投机者的欢乐盈利指南／（葡）乔斯·曼努埃尔·莫雷拉巴蒂斯塔著；康民译.—太原：山西人民出版社，2019.7

ISBN 978-7-203-10554-1

Ⅰ.①交… Ⅱ.①乔… ②康… Ⅲ.①期权交易-指南 Ⅳ.①F830.91-62

中国版本图书馆 CIP 数据核字（2018）第 244247 号

交易二元期权：一个投机者的欢乐盈利指南

著　　者：	（葡）乔斯·曼努埃尔·莫雷拉巴蒂斯塔
译　　者：	康　民
责任编辑：	任秀芳
复　　审：	贺　权
终　　审：	秦继华

出 版 者：	山西出版传媒集团·山西人民出版社
地　　址：	太原市建设南路 21 号
邮　　编：	030012
发行营销：	0351-4922220　4955996　4956039　4922127（传真）
天猫官网：	http://sxrmcbs.tmall.com　电话:0351-4922159
E-mail：	sxskcb@163.com　发行部
	sxskcb@126.com　总编室
网　　址：	www.sxskcb.com

经 销 者：	山西出版传媒集团·山西人民出版社
承 印 者：	北京铭传印刷有限公司

开　　本：	890mm×1240mm　1/32
印　　张：	6.5
字　　数：	110 千字
印　　数：	1-5100 册
版　　次：	2019 年 7 月　第 1 版
印　　次：	2019 年 7 月　第 1 次印刷
书　　号：	978-7-203-10554-1
定　　价：	45.00 元

如有印装质量问题请与本社联系调换

引　言

　　股票市场上最有意思的是，有一方买入，就必然有一方卖出，而且两方都觉得自己肯定是正确的。

——威廉·费勒

　　在本书《交易二元期权：既为乐趣也为挣钱》中，我将和你聊聊交易二元期权，你需要了解什么以及如何挣钱。很明显这不是科幻作品，所以，也不会看到什么神奇的公式能让你转眼间暴富。但是，可以学会成为成功交易者必需的基础知识和工具，你也将学会开发自己的二元期权交易策略。事实上，这本书里的很多内容对于别的市场，比如股票、外汇，甚至体育方面的博彩也是适用的。也就是说，你不需要有任何提前的二元期权交易以及数学方面的知识准备，只要从头开始阅读，并且继续下去，你所需要的知识、技巧都会自然而然的掌握起来。要是你已经有了相关的知识，那么你可以直接跳过这一部分。如果你并不确定你的知识是否完整，最好还是不要跳过任何章节。

这本书非常自由，所以不会浪费你任何时间。

我以定义二元期权是什么以及它如何运作，交易的主要类型和选择交易商的准则来开始《交易二元期权：既为乐趣也为挣钱》。

然后，解释了为什么使用交易策略是重要的，你从什么地方可以开始着手开发它们。

最后，会想确认你的交易策略是否真的可以盈利，所以我会告诉你如何计算一个无所不知的神奇数字：数学期望。

对于建立在技术分析指标的交易策略，我会对每一个常用技术指标的策略进行评估。

接下来我使用 MetaTrader 平台来向你演示：如何使用它成为你的免费研究助手和交易信号提供商。

然后，我会详细地介绍使用 Excel 和 Expert Advisors 来建立和完善交易策略。

关键的资金管理也会讲到，你可以学会几种系统并且在过程中会知道做一个蒙特卡洛模拟是多么简单。

结尾，我们会对完整的方法做一个总结回顾，也会给你一些交易的最终建议。

最后，在附录中，你可以找到一些资源，这些资源
对于本书《交易二元期权：既为乐趣也为挣钱》的读者
是免费的。

目　　录

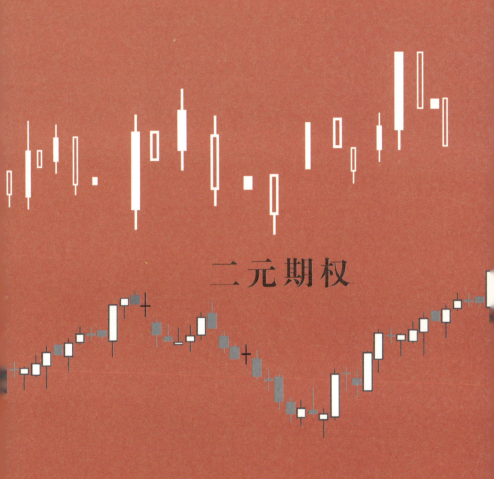

二元期权

二元期权是什么

我在股市上犯了谋杀罪。我的交易商把我的钱都亏光了，所以我杀了他。

——吉姆·罗伊

二元期权是对某种资产价格将会涨跌进行投机的简便方法。

例如，你觉得德国汽车制造商宝马的股价将会上升，你就可以买一个10欧元的二元期权，如果你的预测是对的话，你就会得到17欧元，收益率70%。如果你的预测是错的，你就会损失本金10欧元。

图表1　宝马股票二元期权交易

如果10点宝马的价格是当天最高点，而交易时（九点多一点）价格低于这个价格，一个二元期权就可以获利 70%。

你可以看到左边绿色的箭头，54%的交易者认为这个品种会上涨。

尽管有几种二元期权，但是核心都是相同的，选定一个资产或者交易品种，然后确定时间基准，猜测这个时间段内价格是涨还是跌。如果你的推断是正确的，你会获得相当不错的回报，大多时候回报率在 70%左右。如果你的预计是错的，你就会失去你付出的本金，也就是 100%的亏损。

看上去非常的简单，但是我们要稍微逗留一下，确定所有方面都已经完全了解。在那以前我需要解释一些专有名词。

首先，你如果阅读二元期权方面的内容，你会发现有人说在投资二元期权，也有人说自己在交易二元期权，还有人说自己在赌二元期权。而我倾向于使用**投机、推测、预计**这三个词。在本书里面，这些词都是同一个意思。

其次，我将使用**资产**这个词来代表二元期权中可以交易的品种，比如黄金、股票。

图表 2　欧元兑美元二元期权

交易价为 1.3274 的欧元兑美元期权，如果在 7 天内欧元兑美元的价格都不低于 1.3404，则回报率为 84%。

为什么叫二元期权呢？

期权是一项历史悠久的金融品种，主要目的是对冲和投机。它给期权持有者一个权利而不是义务，在一段时间内以特定的价格购买或者卖出某项资产。期权的价值取决于资产的价值和到期还剩的时间。期权是金融世界里不可或缺的一个组件：根据期货产业协会 2012 的报告，全球期货和期权的交易额为 210 亿美元。

二元期权就是股票、期货、外汇市场上交易的期权的简化版本，从名字也看得出来。二元的意思就是这个期权的结果只会有两种可能：要么你失去所有钱；要么你不光可以拿回这笔钱，还可以再获取一部分利润。

世界上最大的期权交易所是 CBOE，芝加哥交易协会，这里可以交易标准普尔 500 指数和 CBOE 波动指数的二元期权。标准普尔 500 指数二元期权简称为 BSZ，CBOE 波动指数二元期权简称为 BVZ，每一手 100 美元，要么翻倍要么输光。然而，BSZ 和 BVZ 不是我将要讨论的二元期权。

有些二元期权，在某些交易商那里，只需要更少的资本就可以玩，那些才是我关注的。

图表 3　芝加哥交易协会提供的标普指数和
波动指数的二元期权，BSZ 和 BVZ

什么资产可以交易？

大多数二元期权交易商提供四种类型的品种以供交

易：股票、外汇、商品和指数。

交易商只允许在这些市场开业的时候进行交易。例如，大多数欧洲的股票交易是在世界标准时间（GMT）7：00—15：30，所以如果你要交易欧洲的股票或者指数，你就只能在那个时间里面进行。又比如，你想交易北美的股票或者指数，那么你不得不在世界标准时间（GMT）13：30—20：00期间操作。日本和澳大利亚0：00开市，新加坡1：00，香港1：30，印度3：45。

注意：也不是所有的股票都有二元期权交易，不过一些大盘的、知名度高的股票，一般都有，欧洲的比如沃达丰、英国石油公司、巴克莱、法国电信、安盛、菲亚特和西班牙对外银行，美国的比如谷歌、苹果、可口可乐、摩根大通、亚马逊、IBM、耐克和埃克森石油。

外汇市场的开市时间是从星期一到星期五24小时，黄金和白银也是如此。原油的交易时间是8：15—18：30。

这些交易时间也发生过变动，但是一般交易商都会及时跟进，并在网站上发布公告。

一个交易的时长是多久？

这取决于交易资产，二元期权的类型以及交易商。一般情况下，交易商会提供多种时间长度的选择。最短的是 60 秒，长的从几个小时到 1 年都有。最常交易的时长是 10 到 60 分钟。

有些交易商提供一项优惠，你可以延长交易的时长。比如 IBM 在17：00的价格是 194 美元，你赌 50 欧元它在 18：00 点时价格比 194 美元低。回报率是 75%。不幸的是就在你下注以后，IBM 上升到了 195.78 美元。在这个价格一直维持到了 17：30，然后开始缓慢地下降了。在 17：47 时价格是 194.45 美元。你可以支付 1.5 欧元来延期你的交易到 18：15，这样你就等于多了 15 分钟，希望价格能够跌到你的期望。

相反的，有些交易商允许你在到期前就平仓你的交易。还是刚才的例子，17：47 时价格是 194.45 美元，这个时候你平仓，你还可以收回 36 欧元。这样你就实际只亏损 14 欧元，而不是全部的 50 欧元。再假设 17：47 时 IBM 是 193.64 美元，但是在上涨，你就可以选择平仓得回 59 欧元。这样做就锁定了 9 欧元的利润，但是也放弃了挣 28.50 欧元的可能性，不过也规避了如果价格涨过 194 美元你的 50 欧元全部打水漂的风险。

一笔交易可以赢多少?

回报率也同样取决于资产，二元期权的类型和交易商，但是最重要的考量是你必须知道你可以获得多少。

比如在 9：00，欧元兑美元的价格是 1.3101。你投资 10 欧元开仓一个期权，预测这个价格在 9：30 时会比现在高。回报率为 70%。所以在 9：30 时，不管欧元兑美元的价格是 1.3102，1.3110 或者 1.3200，只要比 1.3101 高，你就可以挣得 7 欧元，一分不会多，一分不会少。

这就是二元期权一个很重要的特点，也是它和传统期权最大的不同，传统期权你获利的多少和到期价格与你开仓价格的差值成正比。

在传统期权中，即使你是对的，欧元兑美元的价格在 9：30 确实比在 9：00 高，但是如果上升的幅度很低，可能缴纳手续费以后，你还是亏损的。这就和二元期权不同。

一笔交易会亏损多少？

二元期权没有杠杆，这意味着你最多也只会输你下注的金额。如果你开仓 10 欧元的期权，最后你亏损的就是这 10 欧元。如果你交易 10000 欧元并且错了，那么损失的也就是 10000 欧元。当然如果你的交易账户里面总共只有 10000 欧元，那么现在你不光输光了，而且也没办法再进行交易了，你不得不从你口袋里再掏点钱出来了。最好，你的口袋里还有点钱。这就使得风险控制成为极端重要的课题，我会在下一章中详述。

　　风险管理师关于仓位控制的，也就是你自己应该清楚下面这个问题的答案："我应该一笔交易里面投入多少钱呢？"

二元期权的类型

就像我前面说的，所有类型的二元期权，核心都是一样的，预测资产价格在将来特定时间点（到期时间）的涨跌。如果你相信价格会上涨，那么你买入看涨期权，如果你相信价格会下跌，你就买入看跌期权。尽管这样的概念已经足够清晰明了了，我们还是可以再看看各个类型期权的差异。

涨/跌和高/低

不考虑专业术语，这些词汇可能与不同交易商说的不相同，但这种是最常见的二元期权：到期时的价格比下单时候的价格高还是低？

如果你觉得会升高，买看涨期权，如果你觉得会下降，买看跌期权。如果你买了一个看涨期权，那么到期时的价格比你开仓的时候高则你获利。如果你买入看跌期权，到期时的价格比你开仓的价格低，则你获利。

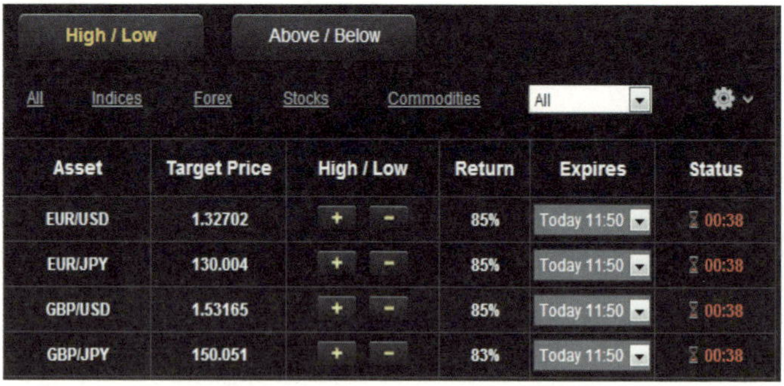

图表 4　涨跌或高低二元期权

更高/更低或高于/低于

这个其实和涨跌期权差不多，但是有细微差别：不是使用开仓时的价格，而是你自己选定一个价格作为参考值。到期时的价格比你选的参考值高还是低。

和最常见的二元期权相同，如果你认为价格会上涨，而且会涨到比你选定的价格要高，那么你就买入看涨期权。

如果到期时的价格确实比你的价格高，那么你的看涨期权就盈利了。如果到期时的价格确实比你的价格低，那么你的看跌期权就盈利了。

图表5　更高/更低或高于/低于二元期权

触碰与否

假如已经选定一个价位。如果你赌"触碰"并且资产价格确实"触碰"(不管是到达还是超过)了这个价位,只要是在到期时间以内,你都获胜。如果选择没有触碰,那么资产价格从来没有到达那个价位的话,你就获胜。

图表6　触碰与否二元期权

里/外

这种二元期权的玩法，是你选择两个价位形成一个箱体。

选择"里"，如果到期以前，价格始终在你的箱体内部，并且从来没有到达过上下限，则你获胜。选择"外"，如果价格始终没有进入你设定的价格箱体，则你获胜。

图表 7　里/外二元期权

超短线交易

有些交易的时长非常短，比如 60 秒、2 分钟、5 分钟、一个跳动交易，等等。这种超短线交易一般都是涨跌类型的二元期权。

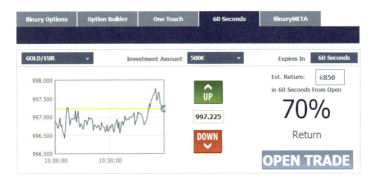

图表 8 超短线二元期权

回报、期权类型、时长、资产和波动性

交易二元期权，你的潜在年化收益率非常高。

交易商计算收益的方式各种各样，他们公开这个信息，甚至在你还没有开始交易前，他们会给你一个确切的数值。

不同类型的二元期权，即使是相同的资产和时长收益率也不同。例如，一个更高/更低的赌注就比一个涨跌的赌注收益率要高。这是因为要赢一个更高/更低的赌注，到期价格必须在两个边界之间，而涨跌赌注只需要满足一个边界。

交易时长也同样影响回报率

你可以试着思考，一个交易的时长越长，它的回报率就越高，因为预测六个月的价格走势可比你预测六天的走势要难多了，但是有时候，回报率也并不是和时长成正比的。

例如，60 秒的价格波动几乎可以说是不可预测的，所以回报率合理的话，就应该对应掷硬币正反的概率，但是一般这个的回报率交易商给出的是 65%~70%。

交易资产是回报率的另一个影响因素

货币对交易的回报率就比股票指数的回报率高一点。

因为货币对的报价是 5 个数字，但是指数一般是三个数字，这可能是货币对回报率高一点的原因。

有些交易商可能也会对股票指数的回报率高一点。

资产波动性指的是资产价格在一个时期内的波动的剧烈程度，这一点是非常重要的。有时交易商会暂停某个资产的交易，因为在这段时间内价格波动会非常大。这个很容易理解，资产价格波动性越高，将来某个点上的价格越难预测。

二元期权交易商

要交易二元期权，你需要一个交易商，现在可选的交易商非常多，会给出几个选择准则给你参考。

为了比较，我会使用 3 个交易商作为例子：Binary.com（以前叫做 BetOnMarkets），Banc de Binary 和 24option.com。

交易的类型

我发现所有交易商提供的交易类型都差不多，但是你交易的方式可以不同。

例如，你想在 24option.com 上交易 60 秒二元期权，在主页选择"短期"，然后再选"60 秒"看跌期权中就会显示所有品种的回报率。然后你在高/低栏中点"+"或者"–"，还有你想交易的数量，这样就完成了。

在 Banc de Binary 上，在主页选择"60 秒"，然后选择轩昂交易的品种。在下拉选项中选择交易的数量，5 欧元、10 欧元、20 欧元、50 欧元、100 欧元、250 欧元和 500 欧元可以选择。

如果是在 Binary.com 上，主页上并没有显示"短期"或者"60 秒"，但是你可以先选择"升/降"，然后选择交易时长，最短的可以是"30 秒"。Binary.com 有一点也和另外两个交易商不同，就是对于涨和跌，它的赔率是不同的。

图表 9　Binary.com 主页的截图

最低入金

所有的交易商都接受各种货币的入金，你可以选择你自己账户的货币类型。

Binary.com 的最低入金要求是最小的，只要 5 欧元就够了。

Banc de Binary 和 24option.com 都要求最少入金 250 欧元。

所有交易商都提供了不同的入金方式，包括银行电汇、信用卡和 Skrill（以前叫做 Moneybook），出金也是以这些方式。

如果出入金的规则有什么更新的话，在网站上的 FAQ 和帮助板块可以找到帮助。

我个人推荐 Skrill，因为我觉得这样多一层保护，也对交易商的信用有个测试。用 Skrill 入金是即时到账的，出金也只需要一天到账。

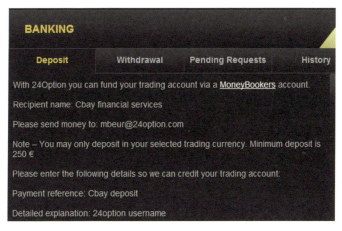

图表 10　在 24option. com 上使用 Skrill 入金

最小交易数量

24option. com 上的最小交易数量要求最高：24 欧元。

Banc de Binary 和 Binary.com 的最低交易数量都是 1 欧元。

Binary.com 有个与众不同的特点：如果你选择收益金额，再点击"计算"，就可以看到要想获得那么多收益，你需要投入多少。

图表 11　在 Banc de Binary 进行一笔最小数量的交易

交易延期

Banc de Binary 允许你延期交易，这对价格运动方向和你预测一致但是速度还不够快的情况是很有用的。在到期前 10 分钟内，你可以决定是否要延长交易。

如果交易确实很对你的路子，你也可以翻倍你的赌注，只要点击"×2"就行了（但是要注意，这实际上是开了另外一个仓位，而且价格是你点击"×2"时的，并不是你已经存在的那个仓位的初始价格）。

Open Positions | Expired Positions | One Touch Positions

Total Current Profit/Loss: €1.72

Position ID	Asset	Strike Price	Option Price	Call/Put	Time	Expiration	Investment	Potential Payout	Chart	Tools
10240759	USD/JPY	97.992	98.004	▲ CALL	15:51	16:30	€1	€1.72		X2

图表 12　在 Banc de binary 点击“×2”就可以翻倍你的交易数量

提前平仓

24option. com 允许你在到期前提前平仓。这一点非常棒，因为你可以提前锁定利润，或者减少潜在的损失。在到期前 10 分钟内你可以决定是否提前平仓。

因为交易延期期权对于每个交易都不同，所以这和个人的交易风格和风险偏好都是直接相关的。这得延期决定是否正确，也只有到了到期的时候才知道答案。但是不管怎么说，可以延期或者提前平仓，都算是一个优势。

注册奖励

大多数交易商都提供注册奖励，每一家都不同，有的奖励高达你入金的 100%。你可以决定是否接受这个奖励，因为通常这个奖励是有附加条件的，比如出金前必须完成一定次数的交易。这其实也说明，互联网上到处弹出的免费信息其实都是有代价的。

如果你只是试试水，那么接受奖励还是很明智的，因为这样可以用没有风险的钱做更多交易，挣到额外的钱。

如果你对你的交易策略很有信心，觉得肯定可以持续稳定的获利，那么你肯定应该接受这个奖励，从而获取更多利润。

学习资源

上面列举的三个交易商都提供二元期权方面的介绍手册和视频，以及如何使用他们的平台。他们也定期举办一些网络研讨会和在线交易活动，这些当然很有益处，尤其是对交易新手，不过里面也有很多广告内容，这是无法避免的。交易日历和特殊的交易事件也会用邮件通知你。

营销

一旦你打开任何一个交易商网站，你就会发现他们在营销方面的支出真是一点不手软。

一旦你注册并且入金，你不久就会接到一位代表的电话，多半他们的头衔会是什么客户经理，他会很"好心的"提醒你，你的入金实在太少了，眼睁睁看着大好的挣钱机会就在眼皮下溜走。

不要管他们说什么，最终，交易商挣钱的方法，还是能够使你交易更容易得来的。

在我的经验里面，我发现这些代表还是知识很丰富的，言谈也很谦恭有礼，也不会咄咄逼人，所以你不用担心会被很激进的电话营销员骚扰。

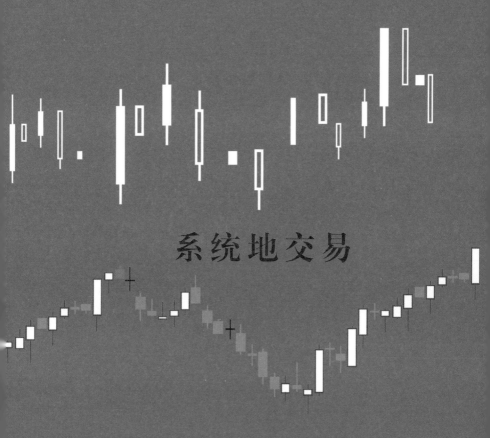

系统地交易

什么是系统交易

不管策略如何完美，你也应该时不时查看一下结果。

——温斯顿·丘吉尔

系统交易就是使用一种或者多种交易策略和资金管理系统来指导交易决策。

对二元期权来说，交易策略就是一种简单，对特定资产开仓的一系列规则。这些规则是根据技术指标或已经证明可以提供交易成功可能的条件所建立的。

例如，你正在交易欧元兑美元货币对。我们假设你对这个货币对的价格走势已经有了很长时间的关注。如果你看的是 5 分钟的价格走势，并且已经发现价格连续三根 K 线是下跌，然后连续 4 根 K 线上涨，在这种情况下，第八根 K 线上涨的概率是 65%。

然后你的交易规则就可以是：

- 如果开始时价格是 X。
- 第一根 5 分钟 K 线的收盘价比开始价格低一点，设为 X-1。

— 27 —

- 第二根 5 分钟 K 线价格更低，设为 X−2。
- 第三根 5 分钟 K 线价格跌倒 X−3。
- 第四根 5 分钟 K 线的收盘价比 X−3 高。

所以买入一个 20 分钟的看涨（或者更高）期权。

如果在这种情况下，你会发现你的欧元兑美元交易策略刚好适用。

自然，你后面也会根据欧元兑美元的 5 分钟的 K 线进行交易（阅读后面的介绍 MetaTrader 的章节，学习如何更简单的操作）。

无论什么时候你看到价格连续三个 K 线下跌，然后上涨，你就买入 20 分钟的看涨（更高）二元期权（也就是第五根 K 线结束后开仓，第八根 K 线结束时到期）。

这里是一个例子：

	Minutes	EUR/USD	
#0	0:00	1.32666	
#1	0:05	1.32634	
#2	0:10	1.32548	
#3	0:15	1.32461	
#4	0:20	1.32502	⇦ Buy
#5	0:25	1.32518	
#6	0:30	1.32606	
#7	0:35	1.32615	
#8	0:40	1.32743	Expiration

图表 13　欧元兑美元策略

红色的数字代表相应的 5 分钟结束时的价格比前一个时间段内的低。绿色的数字代表价格升高。

你可以期望你这样的交易中 65% 是正确的。但是有一点我们还没有谈到，就是这个交易中，你应该下注多少呢？这是重中之重，因为它直接决定了你的交易策略到底可不可行。我们会在资金管理章节再深入讨论这个问题。

这里我们可以先给出一些观点。

首先，你可能觉得这个交易策略是不是太简单，太容易了。上面这个交易策略是为了解释的目的来编造的，但是同样表明了重点，因为有效的交易策略，恰恰就是简单的。简单地堆积规则，条件或者技术指标并不会使得这个交易策略更可靠，或者更有效。请记住，越简单越好。

其次，一个奏效的交易策略也不会永远都有效，你应该经常审视。如果你的交易策略开始失效，那么就应该尽快改进它。也许市场已经发生了改变，所以你必须使用新的价格数据来测试你的交易策略。分析以后，可能这个策略需要改进或者做一些微调，也可能这个策略已经完全无效，只能丢弃了。

再次，记住所有的策略都不是万无一失，也不是每次都正确，有时也会产生损失：刚才我们就说到，这个策略的成功率是 65%，这已经很明白的说明，你 35%的交易是会亏钱的。有了这些概率，你最好做好准备，很可能你会碰巧遇到连续亏钱的交易。永远记住，这些损失的交易本来就是意料之中的，它们本来就是计划的一部分！只要你遵从完备的资金管理系统，保持监控你的交易策略成功率，你就可以尽人事，听天命了。

最后，不要在未经测试的情况下，过度使用交易策略。我的意思是，假设你的交易策略对欧元兑美元很有效，但是你不能理所当然地认为它对美元兑日元或者日本股票市场指数（日经指数），或者微软股票也适用。同理，不要认为 5 分钟框架适用的策略也可以用在 30 分钟，1 个小时，或日线上。在交易前，请务必针对每个时间框架进行测试。

为什么要使用交易策略

系统交易的目的就是长期稳定地赢取利润。通过寻找、使用并维护良好的交易策略，你就可以做到。下面是一些系统地交易的理由：

你知道你要做什么

很多交易者遇到的问题都是，接下来我该怎么做？他们应该交易吗？他们应该寻找什么东西？

- 他们只是听到 CNBC 电视台里说这个月几个主要的股票市场指数将会下跌，这就意味着他们应该买入这些指数的看跌期权吗？或者对新闻里提到的一些跌的最厉害的指数买入看涨期权吗？

- 今天美元兑日元是上涨的，然后他们就应该买入美元兑日元的看涨期权吗？这到底是个偶然的上升还是一个趋势呢？

- 苹果刚刚发布了一款很酷的产品，那应该买入苹果的看涨期权吗？或者他们应该学着"买谣言卖消息"？当今，新闻的持续轰炸很明显一直都在直接或间接地影响着交易决策，而这些新闻常常使交易者都懒得自己进行分析了。

使用交易策略，就可以让你远离这个惰性，并且提高专注力。你会了解你想交易的品种，你也会知道你要找的是什么开仓的条件。

避免过度交易

交易策略也可以让你远离过度交易，这一点也是很重要的。没有系统的交易者常常会因为手痒痒而进行一个又一个交易。当你不知道你在等什么时，保持耐心是无稽之谈。一个朋友的建议，每次从新闻里听到什么消息，或者在网上读到什么信息，任何事情看上去都是开个仓的好理由，有时甚至是同时开几个仓的好理由。

交易系统则提供了规则和知识来等待正确的触发条件，只有条件都满足时才开仓。

交易时不要带有情绪

交易者时时面对两个强大的、邪恶的诱惑：贪婪和恐惧。没有系统，贪婪和恐惧就会四处觅食，猎物就是你。

如果贪婪逮到你，你就会在每一个交易都下重注，会开仓更多，不肯提早平仓，你总是会翻倍看上去不错的交易。

如果恐惧逮到你，该下重注的时候你裹足不前，让好的赚钱机会在眼前溜走，你总是会过早地提前锁定利润。

交易系统可以给你一个指南针，它在交易顺利时有用，但是更重要的是在交易不顺时，给你更大的帮助。

衡量你的表现

你连续六次交易怎么都失败了？你说，运气不好。如果你连赢六次呢？是运气，还是你屡战屡胜的交易直觉呢？你会怎么说？

研究表明，无数次，我们将失败怪罪于运气，而把成功归功于自己的能力。

事实上，除非你采纳一个系统，你才能够，或者你才会去衡量你的交易表现。交易系统把运气从公式中取出，衡量表现时，关注点只在于你。

从经验中学习

使用交易系统后，你会持续监控你的交易表现，检查什么有效，什么无效，什么时候有效，什么时候无效，无时无刻不在学习，改进。你可以寻找并吸收有效的内容，丢弃无效的。这才是你如何真正地获得经验并从中学习。

关注挣钱

交易系统和它的资金管理对于你的交易账户永远是最重要的。增加余额就是你每一笔交易的终极目的。交易应该被看作是一个生意，只有抱着这样的心态，才可能真的赚到钱。

系统地交易对比听消息交易

一则央行改变利率声明的新闻，失业率数据的发布，自然灾害，战争行动，石油国家的激进派领导人上台，公司收入的发布，并购的谣言，新药的批准等等，这些都可能引起资产价格剧烈的改变。

那么，这些就肯定是好的交易机会吗？

好吧，如果你对资产价格、市场机制和小道有相当深厚的知识。那么确实是的，它们是好的交易机会。

如果你的知识没有那么丰富，那么深入的话，那么这就是一个测试你运气的好机会。

靠消息交易，某几笔你可以挣钱，这是当然的，但是可以持续稳定的盈利吗？

最好不要妄想！

好的交易策略是什么样的

使用交易策略挣钱的三种方法

好的交易系统自然可以使你持续的赚钱。不同的方法都可以达到这个目的：

- 一种系统可以让胜的次数比负的多，同时让每次赚的比每次亏的多。
- 还有一种系统可能胜的次数没有负的多，但是每次赚的比每次亏的多，总体上，还是赢多负少。
- 再一种是胜的次数比负的多，然而每次赚的比每次亏的少，总体还是赚的。

第一种系统当然就是交易系统里的圣杯，如果你遇到一个，那么你可以早早地开始享受人生了，想要什么买什么，想去哪就去哪。

对于二元期权来说，第二种系统是不适用的，因为每一次的盈利都不可能超过100%，然而损失却是确定的100%。换种说法，你每笔交易的潜在损失比潜在收益高。

所以必然的结论就是，你需要的是第三种系统：赢的次数比输的次数多，而且多到可以弥补每笔交易输的比赢得多这一点劣势。

保本计算

保本就是当盈利和损失相等的时候，可以用下面这个公式进行计算：

- 总盈利−总损失＝每个交易平均下注额×胜率×平均收益率−平均交易下注额×失败率×平均损失率

或者可以更简化：

- 0＝胜率×平均收益率−（1−胜率）×平均损失率

我们使用例子来说，假设你每次下注的金额都一样，每笔交易的平均回报率为70%。当然损失的时候，不用说，损失率就是100%。

在这个例子里面：

- 0 = 胜率×70% - （1-70%）×100%
- 胜率 = 59%

所以，如果要在一个平均回报率为 70% 的二元期权交易策略中达到保本，你必须做到胜率超过 59%。

更笼统地说，想要盈利，必须有一个交易系统，而且这个交易系统的胜率必须比保本的胜率高。当然，这个保本的胜率和平均收益率有关。

对于每个不同的收益率，你都可以用这个公式进行计算：

- 保本胜率 = 1/ （1+平均收益率）

例如，如果平均收益率为 80%，保本收益率就是 56% （1/1.8）；如果平均收益率是 50%，那么你的胜率必须达到 67% （1/1.5）。

下面的表格显示了几个不同平均回报率对应的保本胜率。

Average win return	Break-even win %	Average win return	Break-even win %	Average win return	Break-even win %
1%	99%	50%	67%	100%	50%
5%	95%	55%	65%	105%	49%
10%	91%	60%	63%	110%	48%
15%	87%	65%	61%	115%	47%
20%	83%	70%	59%	120%	45%
25%	80%	75%	57%	125%	44%
30%	77%	80%	56%	130%	43%
35%	74%	85%	54%	135%	43%
40%	71%	90%	53%	140%	42%
45%	69%	95%	51%	145%	41%

图表 14　不同回报率的保本胜率

　　把这张图反过来看，假设你的交易策略胜率为 58%，那么你应该选择哪个交易品种呢？

　　把公式稍微变形一下：

- 回报率 ≥ 1/胜率 − 1

　　所以你知道根据你的交易策略，你应该选择回报率大于 73%（1/58% − 1）的。

　　要么你找到一个交易品种提供更高的回报率，要么你找到一个策略有更高的胜率。

数学期望

更粗略的分析交易系统的方法是计算它的数学期望，这个结果是一个数字，由胜率乘以平均回报率得出。这个数字可以很快的告诉你，你的交易策略是否可行。如果策略的数学期望比 0 大，那么它就可行；如果是负数，那么就丢掉它。

你可以比较不同策略的数学期望，将它们排序，数学期望越高，策略就越好。

可以用下面公式计算数学期望：

- 数学期望＝平均回报率×胜率－（1－胜率）

例如，交易策略 ABC 的平均回报率是 70%，胜率 65%：

- 数学期望＝70%×65%－（1－65%）
- 数学期望＝0.105

如果胜率从 65% 下降到 58%，ABC 的数学期望则为 -0.014，这个负数结果马上告诉我们，你可千万不要用这个策略进行交易。

现在假设策略×YZ 的平均回报率为 65%，胜率 68%。×YZ 的数学期望为 0.122，那么比较 ABC 的 0.105 和×YZ 的 0.122，很明显知道，×YZ 是更好的。

下面一张表格显示了不同胜率，在平均回报率为 60%和 70%下的数学期望值。

Average win return	Average win %	Expectancy	Average win return	Average win %	Expectancy
60%	50%	-0.20	70%	50%	-0.15
60%	55%	-0.12	70%	55%	-0.06
60%	60%	-0.04	**70%**	**60%**	0.02
60%	**65%**	0.04	70%	65%	0.11
60%	70%	0.12	70%	70%	0.19
60%	75%	0.20	70%	75%	0.28
60%	80%	0.28	70%	80%	0.36
60%	85%	0.36	70%	85%	0.45
60%	90%	0.44	70%	90%	0.53

图表 15　不同平均回报率下的数学期望

假设平均回报率为 60%和 70%。能够得到正数数学期望的胜率以黑体标出。

时间框架和信号频率

选择交易策略时的另一个考量是时间框架和信号

频率。

时间框架决定了你要分析的价格的周期。比如，1分钟、5 分钟、15 分钟、30 分钟、1 小时、4 小时、日线、周线、月线。

信号频率指的是交易策略的条件被满足，从而触发看涨或看跌的频繁程度。更短的时间框架会伴随着更多的交易信号。5 分钟或 15 分钟对应的交易策略会要求你几乎时时在电脑面前，而日线，周线甚至月线的交易策略则几乎不怎么需要你呆在电脑面前。

因此，你要搞清楚自己想花多长时间进行交易和交易的频繁程度。

应该使用多种交易策略

有很多理由支持你选择多种交易策略，共同来形成你的交易系统。

- 策略分散：所有的交易策略都有表现不佳的时候，可能会产生连续的失败，多种交易策略可以因时而用，从而避免持续失败带来的负面情绪。一个交易策略不好用的时候，其他的也许效果不错。

- 策略替代：没有哪个交易策略是永远有效的，而且不管它多么好，也还有可以改进的地方，或者可以被更好的取代。如果什么时候真的那个策略不好使了，而你又仅仅只有那么一个，那你可就真的麻烦了。

- 资产分散：如果你喜欢交易不同的资产，那么你最好针对每一个，都有不同的交易策略。

- 增加交易频率：你可能有时候会觉得自己

的交易资金闲置了，由于交易策略的单一，信号总是很少。换句话说，你想采取更多的行动。那么，更多的交易策略会带给你更多的交易。

从哪里找到交易策略

一个广泛证明的事实，不管你表现出多么强烈的意愿来得到一个交易策略，也不管你说你愿意用什么来交换，它都不可能从天而降。虽然你肯定找不到一个交易策略，但是你却可以找到很多资源。

事实上很多真正的交易者是自己开发的交易策略。有些人愿意无偿分享他们的交易策略，有些人愿意卖出他们的交易策略，而且很多时候，只是他们交易策略的一部分。随便谷歌一下"免费交易策略"，会有1.1千万的结果弹出来！

图表16　谷歌"免费交易策略"

寻找想售卖他们交易策略的人，搜索"在售交易策略"，这个结果比刚才少一些，但是也有5970万之多：

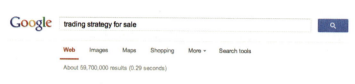

图表 17　谷歌"在售交易策略"

当然这些结果里面有的不是关于二元期权的，因为这个交易平台还相对较新。它们可能是传统交易内容的方法，比如股票、商品、期货、外汇，或者传统期权的。然而，这些也是不错的起点，能够为二元期权的策略所吸收采纳。

把搜索结果进行细化，输入"二元期权交易策略"，这个时候有 89 万多个结果。

图表 18　谷歌"二元期权交易策略"

这些谷歌提供链接的实际内容可能差别很大，你也许不得不自己进行筛选、分析、总结，然后才能拼凑出一个自己能够理解、测试并使用的交易策略。

下面这些网站是我觉得很有用的：

- Strategy4Forex
- ForexStrategiesResources
- TradersLog
- EarnForex
- FxFisherman
- DailyFx
- BabyPips
- Forex-Strategies-Revealed
- ForexStrategyTraining
- Mayzus

我想强调的是，你应该避开一个不好的说法：**黑盒子**。这些交易系统有很多名字，比如信号服务、交易信号、交易机器人，等等。但是，有一点是肯定的，你对其中的内容一无所知。你永远不会知道这些信号或者交易决策背后的逻辑是什么，他们只会说它的表现非常棒，这个交易策略是数学家、资深交易者和天才发明的，只要你使用它，用不了多久你就是百万富翁了。

有时，这些"非凡"的交易系统承诺，只要 49.97 欧元一天就可以保证你盈利。有的又会要求你缴纳几千欧元，进入所谓的"总统圈子"，还有的月费也只要 99 欧元，你甚至还能发现免费的！是的，完全免费的！你能猜到最后一个，他们靠什么赚钱吗？（提示：你会交易很多很多次）

杂志也是很好的新想法的来源：有空就看看 Traders 和 Currency Trader，他们都是免费的。Today's Trader 和 Active Trader 也不错。

另一个获得交易策略电子的资源是亚马逊 Kindle 商店。在里面你可以找到很多很多的书，都是关于交易的，比如外汇交易方面的书，就可以作为开发二元期权交易策略的参考。这些书的质量良莠不齐，有些只有很少的几页，所以一定要先读其他读者对它的评价，而且，不可以完全相信他们。

最后一个 MQL4 的自动交易社区，那里很多交易者都会分享他们的交易系统。注册是免费的，你可以找到无数的信息。

回到谷歌搜索给出的上亿结果，你会同意很多人确实把开发一个交易策略当做是高贵的艺术。那么为什么你不这样做呢？这不是一个简单的反问句，而是我的确认为，如果你能够理解那个过程中的基础，对你的交易会更有好处。学习一些基础方面的东西并不会多么复杂，也不耗费多少时间。

不管最后你是不是自己开发你的交易策略，如果你懂得更多的基础知识，你能够更好的理解别人的点子，也可以对交易的各个方面有更深刻的理解。

向着这个目标的第一步就是技术分析的基本介绍。

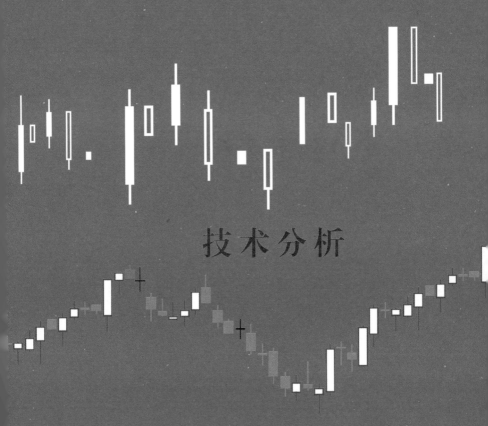

技术分析

什么是技术分析

十月：

这个月投资股票会非常的危险。

其他危险的月份是七月、一月、九月、四月、十一月、五月、三月、六月、十二月、八月和二月。

——马克·吐温

首先从巨擘查尔斯·道的著作开始。他是道琼斯公司和华尔街时报的创始人，也是道琼斯工业指数的发明人。技术分析的目的是在预测资产将来价格时，分析历史行为，从而使得交易者能够有一定的优势。

技术分析和基本面分析是相对的，基本面分析主要关注的是资产的内在价值。技术分析者，也就是使用技术分析的人，对资产价格变化更感兴趣，而不是内在价值。通过关注价格变化，技术分析试着评估供应和需求，并理解哪个方向的力量会取胜，从而推动价格变化。

技术分析的前提假设是：市场包含一切；价格运动是有趋势的；历史会重复。

市场知道一切

技术分析假设资产价格反应了一切的消息，也包括基本面因素。所以剩下的就是分析价格运动，这是由供应和需求共同决定的。

跟随趋势

技术分析者相信价格随着趋势运动。他们也相信趋势一旦形成，就会继续下去，而这就是价格运动将来最可能的方向。许多交易策略就是建立在这个假设上。

历史重演

技术分析的另一个信条是市场的参与者对于相同的情景，会有相同的反应。价格的改变，本质上就是交易者对资产将来价格预期的改变。既然价格运动模式总是重复，那么以前发生的将来必会发生。

对技术分析有一个基本的理解，可以让你更好的交易二元期权。我们先来检阅一下它的核心准则和工具。

基本概念

价格

在任何一个时间点，资产价格都反应了众多买家和买家期望的一致结果。认识价格的其他定义可以使我们获得更多观点。

- 开盘价：第一笔交易的价格（比如早上的第一单）。
- 最高价：一个时间周期内的最高价格。在这个时候，卖家会开始变得比买家多。
- 最低价：一个时间周期内的最低价格。在这个时候，买家会开始变得比卖家多。
- 收盘价：最后一笔交易的价格（比如收市前的最后一单）
- 中位价：最高价和最低价的平均数。
- 典型价：最高价、最低价和收盘价的平均值。
- 加权收盘价：最高价、最低价、收盘价乘以二的和，然后除以四。

图形

技术分析对图形特别重视，有说法，一图胜千言。下面是比较流行的图形：

线形图：最简单的一种，把收盘价连接起来形成的线。

柱形图：这种图形可以提供比线形图多一点的信息，从中可以看出开盘价、最高价、最低价和收盘价。柱形的顶代表最高价，底代表最低价。开盘价和收盘价则用一条横杠表示，开在左，收在右。

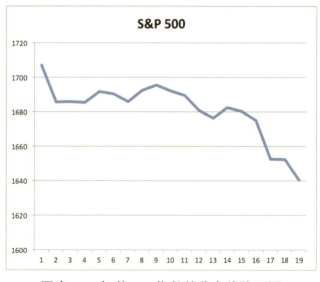

图表 19　标普 500 指数的收盘价线形图

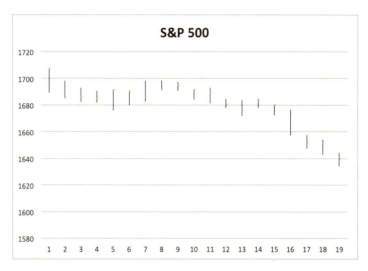

图表 20　标普 500 指数简化柱形图

蜡烛图：和柱形图相当类似，但是有一个宽的柱状在横杠中间，代表开盘价和收盘价的差值。如果收盘价比开盘价高，蜡烛就是白色的，或者空的。如果收盘价比开盘价低，蜡烛就是红色或者黑色的。

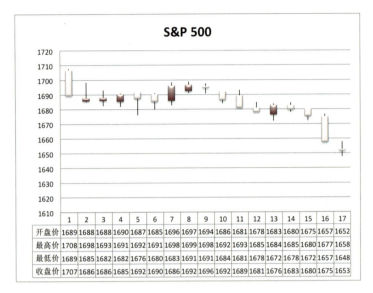

图表 21　标普 500 指数的蜡烛图

周期

数据能够显示在不同的时间周期内，比如分钟、小时、日、周和月。

周期越短，预测价格变化越难，因为这个数据会被很多"噪音"（随机运动）所影响。

但是将基本原理运用在所有时间框架下，都是有机会的。

趋势

趋势是价格的大致方向。有上升趋势（价格正在升高）、下降趋势（价格正在下降）和盘整运动（也就是没有明确的趋势）。上升趋势是由一系列更高的高价和更高的低价组成的。上升趋势线就是在上升趋势的低点连成一条线。

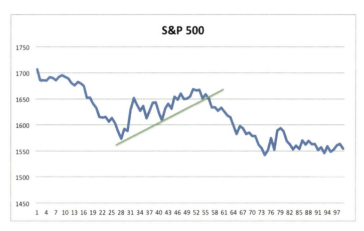

图表 22　标普 500 指数的上升趋势

下降趋势是由一系列更低的低点和更低的高点组成的。下降趋势线是将下降趋势中的高点连成一条线。

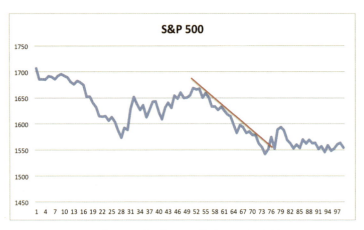

图表 23　标普 500 指数下降趋势

盘整走势就没有明确的上升或下降。

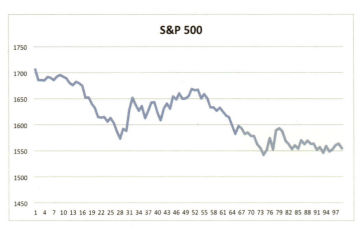

图表 24　标普 500 指数的盘整走势

支撑和阻力

支撑是市场参与者不希望资产价格跌破的价格水平。相反,阻力是市场参与者不希望资产价格向上突破的价格水平。在支撑位,很多买家愿意买入资产。在阻力位,很多卖家愿意卖出。如果支撑位或者阻力位被突破,那么就意味着预期的改变。通常来说,支撑位一旦被跌破,它就会变成阻力位。相反,如果阻力位被向上突破,它就会成为支撑位。

图表25　标普500指数图中的支撑(绿色)和阻力(红色)

图形模式

技术分析者会在图形中寻找模式,来辨别当前的趋势和趋势反转的信号。这些模式就可以触发买入或卖出信号。这些模式中的两种是反转和持续。反转模式可以对趋势的反转提前给出信号，持续模式代表趋势将继续。

模式常常都用它们独特的信息来命名。头肩顶是使用最广泛，也最可靠的反转模式。它是有上升趋势的一个高点和多个旗形组成的，通常代表上升趋势已经到了尽头。

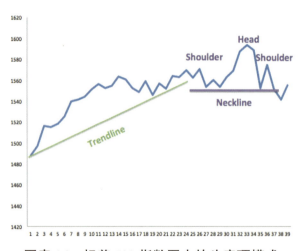

图表 26　标普 500 指数图中的头肩顶模式

杯柄模式是上升趋势被中断，但是不久就会继续的一种模式。图表 27 显示的就是上升趋势中的一个杯型。如果价格发生了下降或者盘整，那么就形成了柄。一旦价格突破阻力位，上升运动又将继续了。

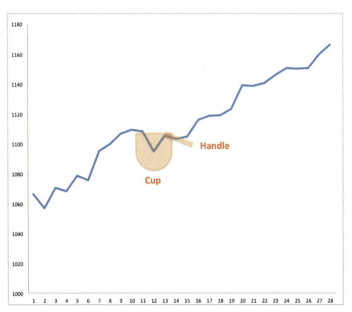

图表 27　标普 500 指数中的杯柄模式

移动平均线

　　移动平均线是最古老也最流行的技术分析工具。它就是一段时间内，资产价格的平均数。有几种移动平均线，比如简单移动平均线和指数移动平均线，后一种给了最新价格更多的权重。

Period	Price	SMA-2	Calculation	SMA-3	Calculation
1	10				
2	11	10,5	(10+11)/2		
3	9	10	(11+9)/2	10,000	(10+11+9)/3
4	12	10,5	(9+12)/2	10,667	(11+9+12)/3
5	13	12,5	(12+13)/2	11,333	(9+12+13)/3
6	14	13,5	(13+14)/2	13,000	(12+13+14)/3
7	12	13	(14+12)/2	13,000	(13+14+12)/3
8	9	10,5	(12+9)/2	11,667	(14+12+9)/3
9	8	8,5	(9+8)/2	9,667	(12+9+8)/3

图表 28　简单移动平均线

上图显示了两个简单平均线的计算：2 个周期的（SMA-2）和 3 个周期的（SMA-3）。

如果资产价格在移动平均线上面，就是上升趋势，如果价格在移动平均线下面，就是下降趋势。

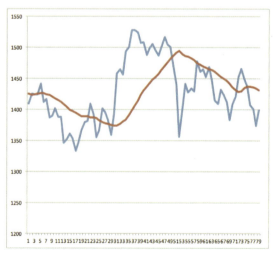

图表 29　标普 500 指数图中的 20 天移动平均线

使用两个移动平均线，当短期的（比如 10 天的）在长期的（比如 20 天的）上面时，为上升趋势。如果长期移动平均线在短期移动平均线下面，为趋势下降。

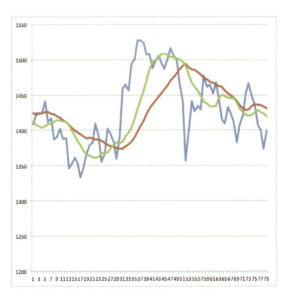

图表 30　标普 500 指数图中的 20 天移动平均线（红色）和 10 天移动平均线（绿色）

指标

技术指标是使用资产价格进行数学计算得出的数字，

可以用来确认将来价格的运动。有两种类型：领先指标和滞后指标。领先指标预测价格运动，滞后指标确认价格运动。滞后指标在长期趋势中效果非常好，可以帮助交易者留在市场中，即使错过了开头的机会。移动平均线和 MACD（稍后解释）是滞后指标的代表。

　　领先指标在盘整走势中表现更好，可以帮助交易者预测将会发生什么。这些指标通常有一个范围，比如 0 到 100，常常也表现为一个震荡指标。它们通过衡量资产的超买超卖状态来工作，因为，一旦到达了极限状态，价格势必要反转。在交叉和背离时，技术指标也会给出信号。交叉就是价格穿过移动平均线，或者两个移动平均线交叉时。背离就是价格和趋势的方向相反，这代表趋势已经在变弱。

平均方向指数

平均方向指数（ADX）衡量当前趋势的强度。它是正方向指标（+DI）和反方向指标（−DI）的结合。+DI衡量上升运动的强度，−DI衡量下降运动的强度。+DI和−DI都表示在 ADX 线上。

ADX 数值在 0 到 100 直接波动，低于 20 时，代表趋势很弱；高于 40 时，代表趋势很强。

图表 31　标普 500 的平均方向指数

标普 500 指数的后半段是上升。然而，ADX（蓝线）值在 20 以下，说明上升趋势很弱。

布 林 （ 格 ） 带

　　这个指标是 80 年代发明出来的，发明人的名字，你肯定猜得到，布林格！约翰布林格！是用两条移动平均线围出一个条带。这个条带是根据一个标准偏差水平来确定的，也就是说，他们自己会进行调整，在波动剧烈的市场中，两条移动平均线的距离越大；越温和的市场，距离越近。

图表 32　标普 500 的指数的布林带

　　低波动时期后跟着一个高波动时期，布林带随之扩张。

布林带的一些特性：

价格会在带中上下波动。

价格到了带的上半部，代表超买状态。

价格移动到带的下半部，代表超卖状态。

带收的越紧，越可能发生陡峭的走势。

一个带中开始的运动，趋向于形成另一个带。

顺 势 指 标

顺势指标（CCI）衡量一段时间内资产价格和其平均价格的变化。它可以用于任何资产，确定超买（高于100），超卖（低于−100）。CCI 也可以用来寻找背离：价格创新高（新低），而 CCI 没有创新高（新低）。

图表 33　标普 500 顺势指标

CCI 高于 100 代表资产超买，低于−100 代表资产超卖。

MACD

使用最多的指标里面，一定有平滑异同移动平均线（MACD）。它是两个移动平均线的差值，通常是 26 天和 12 天移动平均线，表示为在 0 上下波动的数值。如果 MACD 大于 0，那么现在的期望就比以前的期望更趋向于牛市。如果 MACD 小于 0，那么现在的期望就比以前的更趋向于熊市。

下面是 MACD 值的 9 天移动平均线。这也叫做信号线，如果 MACD 在这条线以下，就是"卖出"信号。相反，如果 MACD 在这条线以上，则是"买入"信号。

图表 34　标普 500 指数的 MACD（12，26）指标（蓝线）
MACD 的 9 天移动平均线表示为绿色

资金流向指标

　　资金流向指标（MFI）是一个动量指标，用价格和成交量来衡量进入或流出资产的资金强度。

　　它可以用来发现背离，如果价格上涨，然而 MFI 却下降的话，这就是背离，反之亦然。

　　也可以用来判断市场的顶和底，如果高于 80，就是顶；如果低于 20，就是底。

图表 35　标普 500 指数资金流向指标

　　MFI 高于 80 代表超买，低于 20 代表超卖。

抛物线转向指标

抛物线转向指标（停止和反转）一直跟踪价格变化。当这个指标上升时，它在交易价格的下面；当这个指标下降时，它在交易价格的上面。所以你应该在价格为 SAR 以上时买入，为 SAR 以下时卖出。

图表 36　抛物线转向运动

相对强弱指数

相对强弱指数（RSI）在 0 到 100 之间波动，衡量价格运动的内部强度。如果价格创新高，但是相对强弱指数没有创新高，就是一个背离。

相对强弱指数也可以用来寻找市场的顶部（RSI 高于 70）和底部（RSI 低于 30）。

图表 37　标普 500 的相对强弱指数

RSI 高于 70 代表超买，低于 30 代表超卖。

随机指数

随机指数是一个动量指标，它比较资产的收盘价格和一段时间的平均价格。

它表示为两条线：主要的被称为%K，次级的被称为%D（%D是%K的移动平均线）。

当%K或者%D从底部上穿20这个值时买入，当%K或%D从顶部下破80时卖出。

同样，在%K和%D交叉时买入或卖出。

如果价格创新高或者新低，但是随机指数没有，这就是一个背离。

图表 38　标普 500 的随机指数

%K 上穿（下破）%D 时为买入（卖出）信号。

威廉 R 指标

威廉 R 指标就是随机指数中 %D 的倒数。%R 经常可以预测价格的反转。在 80~100 之间为超卖状态，0~20 之间为超买状态。

图表 39　标普 500 的威廉 R 指标

%R 在 80~100 之间表示超卖。

使用技术分析

如果不骑上去永远也学不会如何骑自行车。技术分析也是一样。我们的自行车是一个交易平台，软件让我们可以跟随感兴趣的资产价格的变动，也让我们可以应用技术分析指标。有许多很好的交易平台，但是我们推荐 MetaTrader，因为它使用最广，而且免费。

图表 40　MetaTrader 交易平台

在 MetaTrader 里面，点开导航窗口，就可以看到很多已经预设的技术指标。

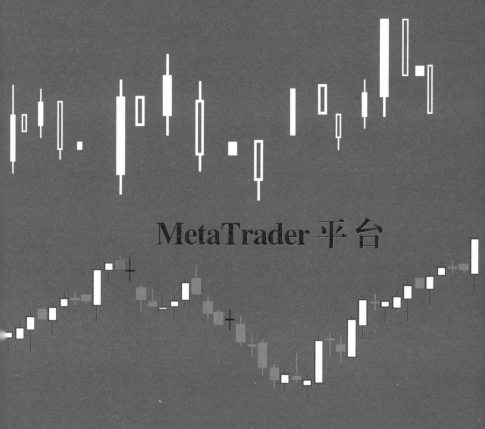

MetaTrader 平台

MetaTrader 平台是什么

市场从来不会错。

交易者才会犯错。

——杰西·利弗莫尔

MetaTrader 平台是 MetaQuotes 软件公司开发的一款软件，你可以下载到电脑上，然后就可以显示资产价格的变化。它还附带很多预设的技术指标帮助你做出交易决策。因为它免费，而且易用，所以 MetaTrader 可能是外汇交易者使用的最多的交易平台。许多交易商对客户开放这个平台，也在这个平台上进行买卖操作。

但是这不是我们使用 MetaTrader 的方法。我们使用 MetaTrader 知识为了得到价格数据，和显示我们交易策略中需要的技术指标。我们监视正在交易的资产，当交易信号触发时，我们就到二元期权交易商的网站进行交易。MetaTrader 就成为了我们的研究和交易助手，而不是我们的交易平台。

Let's Trade Forex!

MetaTrader 4 is a free-of-charge program specially designed for online trading in the Forex market. The built-in technical indicators allow you to analyze securities' quotes, whilst the MQL4 network enables the development and usage of automated trading strategies.

≫ Free download (455 Kb)

User guide

图表 41　MetaTrader 是很流行的平台

如何下载和安装 MetaTrader

最新版的 MetaTrader 是 MetaTrader5（MT5），然而现在用的最多的还是 MT4，所以我们也还是选择这个。许多外汇交易商也选择的是它。

一个模拟账户就可以满足我们的目的。许多交易商都提供模拟账户，但是有些要求你必须开设真实账户才能使用模拟账户，这很莫名其妙。

首先确定你选择的平台上面有你感兴趣的资产，因为不是所有交易商都提供二元期权里面所有可交易资产。

你可以从 MetaTrader4 网站直接下载，但是安装完毕以后，你必须注册一个账户，然后选择提供你关注资产数据的交易商，这样才能得到最新的数据。请注意，MetaTrader 只支持 Windows 操作系统。如果你使用苹果的 Mac，那么你需要一个 Windows 模拟器。

我建议你从 AVATRADE 下载 MetaTrader，因为这个平台提供的资产最全。到 AVATRADE 网站开设一个模拟账户。填入信息后，马上会收到 AVATRADE 发来的欢迎邮件，邮件里面有登陆信息和下载 MetaTrader 的链接。

双击下载的文件，输入登录信息，然后就完成了。

图表 42　从 AVATRADE 下载 MetaTrader

　　从 AVATRADE 主页选择交易平台，下拉菜单中选择 MetaTrader4。

MT4 平台提供的信息

如果安装完以后软件没有自动打开，就在桌面上找到 Ava MetaTrader 图标。双击打开。鼠标移动到左边的"市场观察"栏，点击右键。如果市场观察没有找到，顶部目录中选择视图中的市场，或者使用快捷键 Ctrl+M，选择"显示全部"。现在 AVATRADE 提供的所有交易资产都会显示出来。下滑看看。

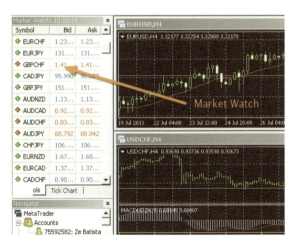

图表 43　MT4 中的市场观察

大多数 MetaTrader 平台都使用标准 GMT 时间。可以在市场观察栏的顶部，查看平台显示的时间。

要打开资产的图形，可以在"市场观察"中选定一个资产，然后右键选择"图形窗口"或者选择图形窗口的图标（在"文件"选项的顶部）然后再选择资产。

可以选择图形的时间框架（M1 = 1 分钟，M5 = 5 分钟，M15 = 15 分钟，M30 = 30 分钟，H1 = 1 小时，H4 = 4 小时，D1 = 日，W1 = 周，M1 = 月）。

在时间框架按钮上面，有三个图形图标：可以选择柱形图、蜡烛台，或者线形图。

点击图形下面的资产标签，就可以关闭当前图形。

如果你有几张图，而且想同时观察当前的几个资产的价格，选择"窗口"然后选择你喜欢的布局，比如阶梯、横向排列和纵向排列。

图表 44　MT4 中 4 小时欧元兑美元图形

最大化一张图表，点击图标右上角的方形按钮。

点击相应的缩放玻璃图标，可以放大或缩小图形。加载一个模板，这样可以简便地定制显示数据的方式，右键点击图形，选择"模板"，然后"加载模板"，找到并选择你想要用的。

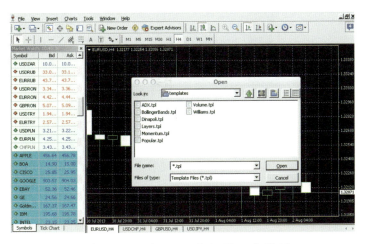

图表 45　正在 MT4 中加载一个模板

想要添加技术指标，在市场观察栏下面找到导航板块。

如果没有找到导航板块的话，顶部菜单选择"文件"，然后选择"导航"或者按 Ctrl+N。在导航中"指标"的旁边点"+"按钮，显示可以添加的指标。找到想用的指标，拖拽进入图形窗口。一个弹出窗口会允许你调整指标参数。

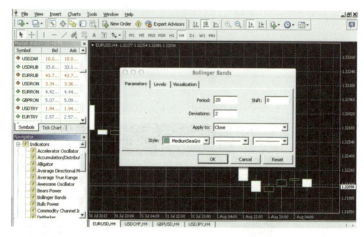

图表 46　MT4 中加载一个指标

添加历史数据

　　MetaTrader 中，交易商会提供给你最近的数据，但是你也许需要历史数据来测试一下你的交易策略。这些数据的获得方法和是否要花钱，与你的交易商，还有交易资产有关。

　　可以先对照历史数据检查看看，在工具菜单中（或者按 F2）选择历史中心。双击想要测试的资产。时间区间就会显示出来了。双击备选数据的时间框架。

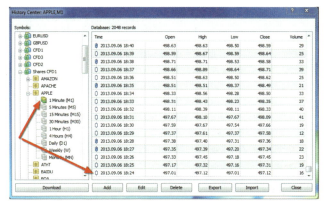

图表 47　苹果历史数据

　　苹果在 2013 年 9 月 16 日，有大约 10 天的数据，表示为 1 分钟的图形。

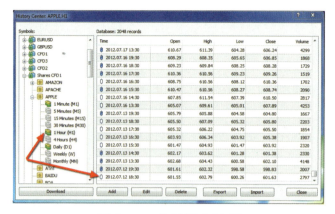

图表 48　苹果历史数据

苹果在 2013 年 9 月 16 日，有超过一年的数据，表示为 1 小时的图形。

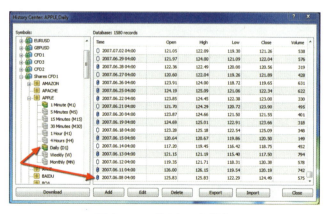

图表 49　苹果历史数据

苹果在 2013 年 9 月 16 日，超过 6 年的数据显示为日线图形。

在你开发新策略的时候，记住你有这三个时间框架的数据可供测试。当你看到上面例子中的这些数据，你就知道肯定有地方提供这些数据。

可以在历史中心下载（它链接到 MetaQuotes 软件公司的数据中心），有时候你需要的数据却不提供下载。但是总有很多人愿意分享他们的数据或者成果，只是，想要免费的就不那么容易了。

雅虎财经是股票和指数（但不包括外汇）历史数据的好资源。

你应该能想到，要下载这么大量的数据，你需要一个程序来帮助你，而不是手动的一个一个点。Windows 下的 MLD 下载器和 MacOS 上的 StockXloader 都是可靠也不昂贵的解决方案。

外汇方面的历史数据，获取起来就比较麻烦了，因为外汇交易并不是在一个集中的地方完成的。不同数据提供商提供的数据会有一些差别，所以尽量选择同一来源，不要引起不必要的混淆。一个不错的选择是 StrategyQuant 公司提供的免费 Tick 数据下载器。

如果要更高质量的付费数据，可以选择外汇历史数据库。

你下载数据（基本上是 1 分钟时间框架的）以后，

在历史中心点击导入按钮，然后在导入对话中点击浏览，选择已下载的数据文件。点击 OK，导入数据，然后等待，这个过程需要花费一点时间。

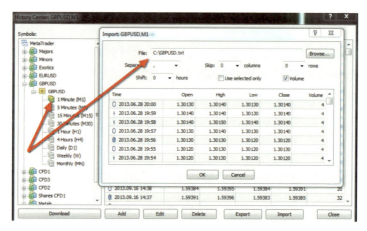

图表 50　导入下载好的英镑兑美元 1 分钟图数据

为了将你导入的 1 分钟时间框架的数据转化为其他时间框架的，比如日线，你得使用 MetaTrader 提供的周期转换脚本。

首先打开一个 1 分钟的图形窗口。从导航板块将周期转换脚本拖拽进入图形，然后设置周期放大到你想要的时间框架。例如 M5，就设置为 5，H1，就设置为 60，H4，240，D1，1440 以此类推。

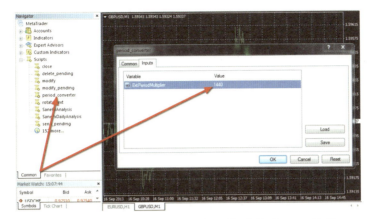

图表 51　使用周期转换脚背将英镑兑美元 1 分钟数据转换为日线数据

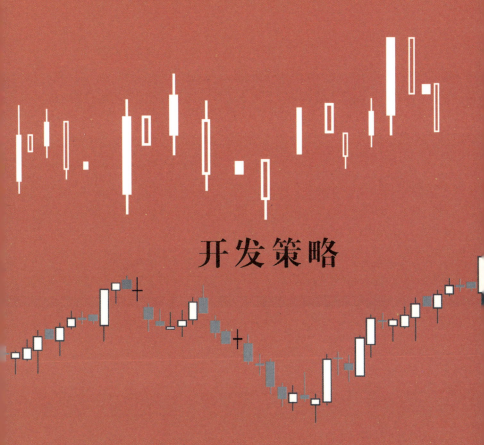

开发策略

先看看它

经验教会我几件事。

一个是倾听自己，不管报纸上说的多么好。

第二个是最好坚持做自己了解的。

第三是有时候你最好的投资就是你没有做那些蠢不可及的。

——唐纳德·特朗普

假设你正在交易一个小时到期的欧元兑美元高/低二元期权。你会如何开发一个针对这个品种的交易策略呢？接下来是一个示范的过程，所以你可千万别拿下面的策略进行自己的交易，还满指望可以赚大钱。

有了这个告诫，我们先寻找以前有效的策略，假设它将来也有效。

我建议你可以打开 MetaTrader 中的欧元兑美元图形，并设置为 1 小时图。按 F8，选择蜡烛图。然后多次点击缩放玻璃图标，使图形最大。然后你得到的就是和下图类似的图形。

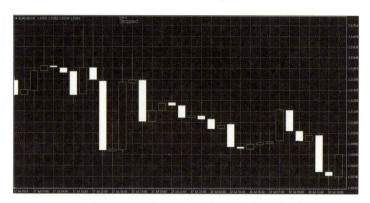

图表 52　欧元兑美元 1 小时蜡烛图

图中每一根蜡烛代表一小时的价格走势。

白色蜡烛是"下降蜡烛"，黑色蜡烛是"向上蜡烛"，代表这一个小时的收盘价比开盘价低还是高。

如果你把鼠标悬停在某一个蜡烛上，你就可以在图形下面看到这个小时内价格的细节。

| 17 Jul 21:00 | 17 Jul 23:00 | 18 Jul 01:00 | 18 Jul 03:00 | 18 Jul 05:00 | 18 Jul 07:00 | 18 Jul 09:00 |

| 2013.07.18 10:00 | O: 1.31049 | H: 1.31115 | L: 1.30983 | C: 1.30983 | V: 1473 |

图表 53　10：00—11：00 内欧元兑美元蜡烛的价格细节

现在禁止自动滚动，通过点击图标（缩放图标旁边的绿色箭头），并且稍微再缩小点，往回滚动。

都调整完毕，你应该会看到下图类似的价格走势。

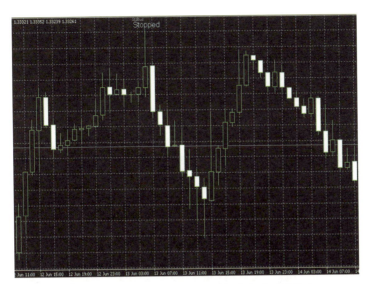

图表 54 欧元兑美元小时蜡烛台中的涨跌

图形的这一部分似乎表明，当大多数蜡烛是上涨的，整体就是上涨；当大多数蜡烛是下降的，整体就是下降的。

你可以自己总结出一些这样的规律吗？你可以把这些观察转化为二元期权交易策略吗？

后面一个问题看起来可能很容易回答：处于上升趋势时，你会在一个小时开始的时候买入看涨期权，相反，欧元兑美元在下降趋势时，你会在蜡烛开始的时候，买入看跌期权。

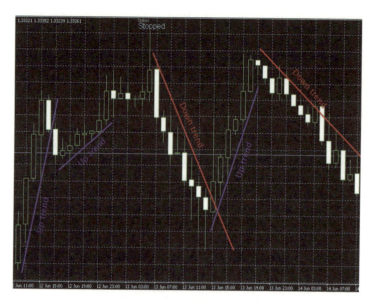

图表 55　欧元兑美元的涨跌表明一个可能的交易策略

　　然而，你可能就会遇到一个说法：狡猾的事后诸葛——事后都很容易说当时应该怎么做，但是你怎么知道你处于上升还是下降趋势中呢？

　　如果你记得在技术分析基础概念部分讲的内容，上升趋势就是短期移动平均线处于长期移动平均线上面的时候。

　　所以，如果我们用 3 个和 5 个周期的移动平均线。

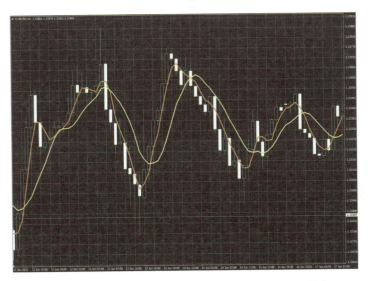

图表 56　用 3 个周期（橘色）和 8 个周期（黄色）移动平均线决定趋势

钻的更深

在完全使用起来以前，我们再看一眼，这次不是看图形，而是冰冷的数字。

到 MetaTrader 平台上从工具菜单中选择历史中心。选择欧元兑美元和一小时时间框架，然后点击导出按钮。显示出一个弹窗，你可以保存为 CSV 文件，包含 H1 数据。

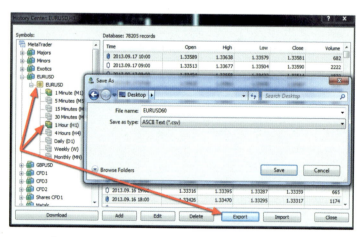

图表 57　将欧元兑美元 H1 数据导出为 CSV 文件

CSV 文件很容易导入 Excel。打开 Excel，选择数据菜单中的文本。定位你的文件，并导入。

图表 58　导入 CSV 文件到 Excel

在步骤 1，"文本导入向导"中点击下一步，第二步改变定界符从句号到逗号。

如果使用逗号作为十进制分隔符，你可能要调整这个设置，选择合适的数据范围，在第三步点击高级的按钮。

然后就可以跳过最后的数据栏的导入。

交易二元期权：一个投机者的欢乐盈利指南

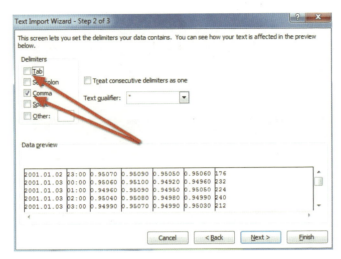

图表 59　标记逗号作为 CSV 文件的合适的定界符

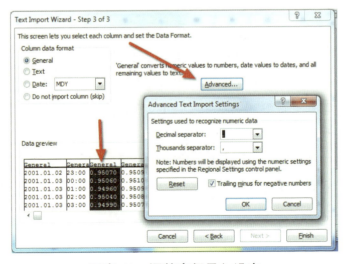

图表 60　调整高级导入设定

数据导入以后，很容易在 Excel 中添加我们选择的规则。

看看图形中第一天的数值，2013 年 6 月 12 日：

Date	Time	Open	High	Low	Close	Typical	SMA 3	SMA 8	Signal	UpDown	Result
2013.06.11	23:00	1,33128	1,33135	1,33071	1,33108	1,33104667	1,331118889	1,330265833	Buy	Down	Lost
2013.06.12	00:00	1,33109	1,33151	1,33064	1,33146	1,33120333	1,331154444	1,33069125	Buy	Up	Won
2013.06.12	01:00	1,33147	1,33157	1,33051	1,3309	1,33099333	1,331081111	1,330964167	Buy	Down	Lost
2013.06.12	02:00	1,33091	1,33124	1,33058	1,33076	1,33086	1,331018889	1,331068333	Buy	Down	Lost
2013.06.12	03:00	1,33083	1,33137	1,33076	1,33102	1,33105	1,330967778	1,33107875	Sell	Up	Lost
2013.06.12	04:00	1,33101	1,33102	1,33008	1,33048	1,33052667	1,330812222	1,33099875	Sell	Down	Won
2013.06.12	05:00	1,33051	1,3306	1,32914	1,32941	1,32971667	1,330431111	1,33082625	Sell	Down	Won
2013.06.12	06:00	1,32939	1,3311	1,32929	1,33108	1,33049	1,330244444	1,330735833	Sell	Down	Won
2013.06.12	07:00	1,3311	1,33333	1,33039	1,33052	1,33141333	1,33054	1,330781667	Sell	Down	Won
2013.06.12	08:00	1,33053	1,3308	1,3277	1,3296	1,32936667	1,330423333	1,330552083	Sell	Down	Won
2013.06.12	09:00	1,32957	1,32957	1,32722	1,32779	1,32819333	1,329657778	1,330202083	Sell	Down	Won
2013.06.12	10:00	1,32777	1,32939	1,32704	1,32807	1,32816667	1,328575556	1,329865417	Sell	Up	Lost
2013.06.12	11:00	1,32806	1,32821	1,32643	1,327	1,32721333	1,327857778	1,329585833	Sell	Down	Won
2013.06.12	12:00	1,32702	1,32963	1,32667	1,32664	1,32764667	1,327932222	1,329122083	Sell	Up	Lost
2013.06.12	13:00	1,32899	1,33133	1,32808	1,33133	1,33024667	1,328625556	1,329188333	Sell	Up	Lost
2013.06.12	14:00	1,33132	1,33411	1,33119	1,33356	1,33295333	1,330533333	1,329494167	Sell	Up	Lost
2013.06.12	15:00	1,33354	1,33581	1,33139	1,3353	1,33416667	1,33245	1,329838333	Buy	Up	Won
2013.06.12	16:00	1,33529	1,33556	1,33369	1,33381	1,33435333	1,333818889	1,330461667	Buy	Up	Won
2013.06.12	17:00	1,33382	1,33412	1,33209	1,33252	1,33291	1,33381	1,33105125	Buy	Down	Lost
2013.06.12	18:00	1,3325	1,33339	1,33234	1,33275	1,33282667	1,333363333	1,33163375	Buy	Up	Won
2013.06.12	19:00	1,33273	1,33356	1,3322	1,33299	1,33291667	1,332884444	1,332346667	Buy	Up	Won
2013.06.12	20:00	1,33301	1,33389	1,33295	1,33357	1,33347	1,333077111	1,332978333	Buy	Up	Won
2013.06.12	21:00	1,33356	1,33414	1,33286	1,33362	1,33354	1,333308889	1,33339	Buy	Up	Won
2013.06.12	22:00	1,33363	1,33378	1,33323	1,33375	1,33358667	1,333532222	1,33347125	Sell	Up	Lost
2013.06.12	23:00	1,33374	1,33514	1,33362	1,33431	1,33435667	1,333827778	1,333495	Buy	Up	Won
2013.06.13	00:00	1,33432	1,33658	1,33409	1,3358	1,33549	1,334477778	1,333637083	Buy	Up	Won

图表 61　趋势交易策略

这个图形中，第一栏有日期，第二栏中是每个一小时周期开始的时间。每个小时内的价格变动显示在后面的几栏中：开盘价、最高级、最低价和收盘价。

例如，6 月 12 日开盘时间 0：00，欧元兑美元价格开盘价格为 1.33109，爬上了最高价 1.33151，然后跌到最低价 1.33064，然后最后收盘到 1.33146。将最高价、最低价和收盘价求和，然后除以三，得到平均数 1.331154444。

SMA-3 和 SMA-8 的栏中，显示了 3 个和 8 个周期的简单移动平均线。假设 SMA-3 高于 SMA-8 是下一个周期内的买入信号。

看 01：00 开始的栏中，栏中显示为上，如果栏中显示的是下，表示收盘价（1.33146）比开盘价（1.33109）高。如果你跟随了买入信号，你就会交易获胜，也就是结果栏中显示的内容。

不幸的是，进一步分析会发现，交易获胜的次数，比我们希望的少得多。

下面的表格总结了每周的结果，跟随 SMA-3 在 SMA-8 上就买入，下就卖出信号后，在 2013 年 6 月中取得的成绩。

第一行显示图形中每天的结果。

Week of	Won	Lost	% Won
June 12 to 17	48	48	50,0%
June 3 to 7	54	63	46,2%
June 10 to 14	57	60	48,7%
June 17 to 21	57	61	48,3%
June 24 to 28	55	63	46,6%

图表 62　严酷的现实

避免成为一个失败者，下面的话请牢记：不要仅仅对照图形中的某一部分来检验你的交易策略。你需要更多的样本和计算。最起码你需要知道你的总体胜率是多少。

记住，你建立的交易策略是针对某一个交易品种的。这个交易有一个平均回报率，平均回报率决定了你的交易策略必须有多高的胜率，不然就不该使用这个交易策略。如果你不记得怎么计算那个胜率要求，回到"什么是好的交易策略"章节，再好好读一遍。二元期权的回报率肯定是低于100%的，所以你肯定需要一个大于50%胜率的交易策略。

调整策略还是换一个策略

假如你用历史数据测试了你的交易策略，但是它不起作用。现在你要怎么做呢？你有两个选项：要么你把它揉成一团丢进垃圾桶里，要么你调整一下它，然后看看能不能起作用。调整就是改变，添加，减少规则或者技术指标。例如，你可以用 21 个周期的简单移动平均线取代 8 个周期的。这个在 Excel 里面非常容易做到，几秒钟就够了。我们的交易结果就有了几个新的数值。

Week of	Won	Lost	% Won
June 12 to 17	37	59	38,5%
June 3 to 7	55	62	47,0%
June 10 to 14	49	68	41,9%
June 17 to 21	53	65	44,9%
June 24 to 28	53	65	44,9%

图表 63   使用 SMA-3 和 SMA-21 的交易结果

不幸的是，这个结果看起来比刚才的更糟。

你可以多试几个不同的简单移动平均线组合，或者再加一条移动平均线。你也可以添加规则，比如收盘价在短期移动平均线上为一个买入信号。或者你可以还是使用原来的参数，但是分开买入和卖出信号？

我们把上面的调整都整合起来，谁敢说最后的结果不是更好的买入点和卖出点呢？

让我们用 Excel 再来看看结果。

Week of	Won	Lost	% Won
June 12 to 17	48	48	50,0%
June 3 to 7	54	63	46,2%
June 10 to 14	57	60	48,7%
June 17 to 21	57	61	48,3%
June 24 to 28	55	63	46,6%
All signals			

Week of	Won	Lost	% Won
June 12 to 17	24	26	48,0%
June 3 to 7	38	35	52,1%
June 10 to 14	31	32	49,2%
June 17 to 21	22	34	39,3%
June 24 to 28	22	27	44,9%
Buy signals			

Week of	Won	Lost	% Won
June 12 to 17	24	22	52,2%
June 3 to 7	16	28	36,4%
June 10 to 14	26	28	48,1%
June 17 to 21	35	27	56,5%
June 24 to 28	33	36	47,8%
Sell signals			

图表 64　使用 SMA-3 和 SMA-8 买入和卖出的结果

买入信号和卖出信号得出的结果显示胜率仍然太低了，而且也缺乏一致性，一致性是非常重要的。

分析交易策略中的各个环节，永远都是必要也很有益处的，同样，计算买入和卖出信号分别的交易结果，也可以给人新的主意。

你知道接下来该怎么办吗？

既然我们试图建立一个小时线的交易策略，为什么我们不更进一步，检查整个 6 月中，使用这些买入和卖出信号产生的结果呢？

我们还是使用 Excel 帮我们完成这个任务。

Time	Won	Lost	% Won	W% > 60%
0	2	6	25,0%	No
1	7	4	63,6%	Yes
2	9	3	75,0%	Yes
3	6	6	50,0%	No
4	7	4	63,6%	Yes
5	5	6	45,5%	No
6	8	3	72,7%	Yes
7	4	6	40,0%	No
8	5	5	50,0%	No
9	5	5	50,0%	No
10	3	7	30,0%	No
11	4	7	36,4%	No
12	6	4	60,0%	Yes
13	7	6	53,8%	No
14	6	6	50,0%	No
15	3	11	21,4%	No
16	4	8	33,3%	No
17	3	7	30,0%	No
18	3	4	42,9%	No
19	3	5	37,5%	No
20	2	2	50,0%	No
21	3	1	75,0%	Yes
22	2	1	66,7%	Yes
23	3	2	60,0%	Yes

June sell signals

图表 65 使用 SMA-3 和 SMA-8 产生的卖出信号整个 6 月的交易结果

时间是标准时间 GMT。

我已经标记出几段胜率大于 60% 的时间，这个水平才能保证这个交易测率的数学期望为正数。

八个时间区间满足要求（开始时间为01：00、02：00、04：00、06：00、12：00、21：00、22：00和23：00）。

你必须像猫头鹰一样观察你的交易策略，但是这里我们只是举例说明，所以不是很紧要。

那么这样可以赚钱吗？或者说，这个策略在将来（2013年6月以后）也奏效吗？

我们用7月数据来试试。

Time	Won	Lost	% Won	W% > 60%	Match June?
0	6	7	46,2%	No	No
1	5	9	35,7%	No	No
2	4	12	25,0%	No	No
3	8	6	57,1%	No	No
4	9	4	69,2%	Yes	Yes
5	6	8	42,9%	No	No
6	4	8	33,3%	No	No
7	4	8	33,3%	No	No
8	4	8	33,3%	No	No
9	3	6	33,3%	No	No
10	4	7	36,4%	No	No
11	3	7	30,0%	No	No
12	6	5	54,5%	No	No
13	6	7	46,2%	No	No
14	3	12	20,0%	No	No
15	6	8	42,9%	No	No
16	6	8	42,9%	No	No
17	4	6	40,0%	No	No
18	4	6	40,0%	No	No
19	5	1	83,3%	Yes	No
20	2	3	40,0%	No	No
21	3	2	60,0%	Yes	Yes
22	4	1	80,0%	Yes	Yes
23	3	1	75,0%	Yes	Yes

July sell signals

图表66 使用SMA-3和SMA-8卖出信号的2013年7月交易结果

时间是标准时间GMT。

上面的图和 6 月的相同，但是显示的是 7 月的结果。

最后一栏标记为"和 6 月匹配吗？"显示了两个月中胜率都高于 60% 的时间区间。

我们发现 4 个满足要求的时间段（04：00、21：00、22：00、23：00），假设这个规律在短期内仍然成立的话，我们就可以把这个规则用于 8 月的交易。

在 8 月你可以重复这个分析，找到 7 月和 8 月胜率都很高的时间段，并在 9 月利用这个规律。

你也可以把类似的分析用在周线上，但是你的交易次数就会少很多。

在 6 月和 7 月里面，我们在选定的 4 个时间段上做了 50 次交易。这个数据并不庞大。我们也可以包含更多前期的数据来进行这个分析，但是我认为这是没有必要的，因为前期的数据和现在的相关度不如最近的数据。

到目前为止，我们做了：

- 选择交易欧元兑美元小时级别的高/低二元期权。
- 观察 6 月 12 日至 14 日的蜡烛图，总结为欧元兑美元的 K 线里上涨蜡烛比下降蜡烛多，则为上升趋势。相反，上涨蜡烛比下降蜡烛少，则欧元兑美元为下降趋势。

- 我们决定使用两条简单移动平均线来判断当前是上升还是下降趋势。

- 我们定义 3 个周期简单移动平均线在 8 个周期简单移动平均线上面就是上升趋势，反之则为下降趋势。

- 我们的交易想法是当前一个小时结束时，3 个周期简单移动平均线在 8 个周期简单移动平均线上面，就买入一个看涨期权，3 个周期简单移动平均线在 8 个周期简单移动平均线下面就买入一个看跌期权。

- 用 6 月中几个星期的数据测试这个交易策略，结果并不好。

- 在调整了它几次以后，我们采取了一个保证后两个月胜率都高于 60% 的交易策略：

  ◇ 3 个周期简单移动平均线在 8 个周期简单移动平均线下面就买入一个看跌期权。

  ◇ 只在 04：00、21：00、22：00 和23：00

这四个时段交易。

如果上面的都是真实的，那么看来你有一个可以帮你赚钱的交易策略了！

另一方面，你也可以继续改进你的交易策略。

对于已经导入 Excel 的数据，你还可以试试其他内容。

- 改变移动平均线的计算方法，比如从平均价改为收盘价或者中位数价格。
- 选择更快或者更慢的简单移动平均线。
- 添加一个条件，收盘价必须在快速（慢速）简单移动平均线以下（上），则卖出（买入）。
- 不使用简单移动平均线，而使用加权移动平均线。
- 检视连续多少个上涨（下跌）以后，会出现下跌（上涨）。
- 新低和新高出现后，下一个是涨和跌的次数。
- 新低和新高出现后，下一个是跌和涨的

次数。

- 对不同的规则进行组合，建立新的交易信号。

- 你会发现，调整交易策略的可能性是无穷无尽的。

提醒一下你，我们还仅仅是用了最常见的简单移动平均线这个指标，还有很多更复杂的指标我们没有利用。这是因为尽管 Excel 非常强大，可以做很厉害的运算，甚至可以自行寻找目标，但是它并没有内置什么技术指标，这意味着你不得不购买第三方技术分析补丁，添加到 Excel 里面，才能利用其他的技术指标。

相反的，在 MetaTrader 平台上就简单多了，几乎所有技术指标都内置在里面，而且，还可以使用**专家建议**来开发和测试你的交易策略，下面我们就来看看。

在开始以前，我要声明这个例子的目的只是做一个粗略的说明，我们可以一起看看这个策略在 8 月份的效果如何。

结果如下：

Time	Won	Lost	% Won	W% > 60%	Match July?
0	5	7	41.7%	No	No
1	6	9	40.0%	No	No
2	8	5	61.5%	Yes	No
3	4	10	28.6%	No	No
4	8	6	57.1%	No	No
5	5	9	35.7%	No	No
6	9	4	69.2%	Yes	No
7	7	5	58.3%	No	No
8	5	7	41.7%	No	No
9	5	9	35.7%	No	No
10	8	6	57.1%	No	No
11	6	9	40.0%	No	No
12	6	10	37.5%	No	No
13	9	4	69.2%	Yes	No
14	4	9	30.8%	No	No
15	4	6	40.0%	No	No
16	3	7	30.0%	No	No
17	3	9	25.0%	No	No
18	5	5	50.0%	No	No
19	6	5	54.5%	No	No
20	8	1	88.9%	Yes	No
21	0	6	0.0%	No	No
22	3	3	50.0%	No	No
23	5	1	83.3%	Yes	Yes

August sell signals

Time	Won	Lost	% Won
4	8	6	57.1%
21	0	6	0.0%
22	3	3	50.0%
23	5	1	83.3%
	16	16	50.0%

August sell signals

图表 67　使用 SMA–3 和 SMA–8 卖出信号的 2013 年 8 月份交易结果

时间是标准时间 GMT。表格的底部总结了最合适这个交易策略的 4 个时间段的交易结果。

　　你可以看到，这个交易策略在 8 月份的胜率为 50%，如果你真金白银交易的话，你可能已经亏了不少了。唯一匹配 7 月份结果，胜率大于 60% 的，就只剩23：00这一个时段了。那么在 9 月份这个策略可行吗？就算答案是"是的"，但是你还有信心使用它吗？决定权在你。问问你自己，你会坚持，还是会调整，或者干脆开发一个新的策略。

专家建议

专家建议（EA）是 MetaTrader 平台里的一个简单程序，自动使用你设定的技术指标和交易规则来交易。使用 EA 对于开发和测试交易策略很有帮助。

现在，你可能并没有迫切地想学习 MQL，MetaTrader 平台上运行创造专家建议的编程语言。幸运的是，有别的方法学习这个程序，让任何人都可以在几分钟之内创造专家建议，甚至不用一点点 MQL 知识。不幸的是，大多数这些程序对我们并不适用，它们不会自动平仓，但是二元期权会到期平仓，这个模拟并不准确。

有一个满足我们要求的专家建议创建器是：EA 向导。完整版本的需要 97 美元，但是你可以试用它，创造一个自己的专家建议是免费的。EA 向导是非常容易使用的，文档和支持也很好，我们继续来看如何安装和测试自己的 EA。

这个过程的确非常简单，只要复制你的 EA，是一个以"ex4"为扩展名的文件，然后黏贴到 MetaTrader 文件夹内的"专家"文件夹即可。

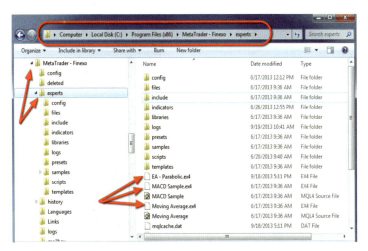

图表 68　专家建议

文件扩展名为"ex4"，放入 MetaTrader 文件夹内的"专家"文件夹。

把文件放好以后，再次打开 MetaTrader。到导航栏，双击专家意见，这样就可以使用了。

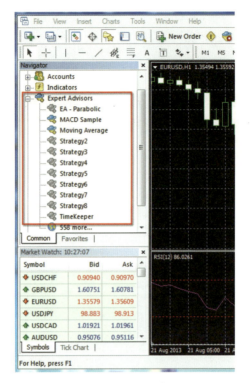

图表 69　专家意见

专家意见是灰色的，如果只有"ex4"文件出现的话。如果还有"mq4"文件在专家文件夹里，它就会是彩色的。

选择时间框架，拖拉专家意见到图形中，出现一个弹窗，点击 OK，将 EA 附着在图形上（EA 名字会显示在图形的右上角）。

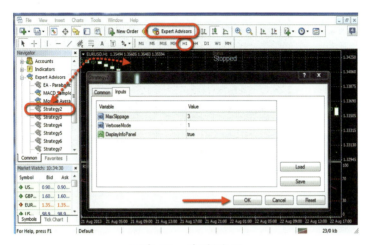

图表 70　专家建议

拖拽专家建议“策略2”到H1时间框架的欧元兑美元图形中。顶部的专家建议图标显示它被停职了，意味着专家建议现在在交易中没有运行。

为了测试专家建议（也为了测试里面包含的交易策略），在已经附着EA的图形中按F6，策略测试机会在底部打开，点击开始按钮开始测试。

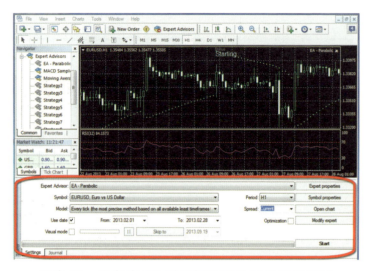

图表 71　准备在 H1 时间框架对欧元兑美元测试
"EA-抛物线"

测试时间从 2013/02/01 到 2013/02/28。

　　测试完成以后，选择底部的报告标签，右键报告区
域，选择"保存为报告"。

　　MetaTrader 内置的报告没有太大帮助，所以我们上
传报告到一个免费的程序，EA 分析大师，这个会给我们
更多的信息。

图表 72　将测试结果保存为报告

安装 EA 分析大师以后，打开它，加载刚才保存的
报告。

图表 73　在 EA 分析大师中加载测试报告

　　有很多信息值得探索，也可以获得更多视角来改进你的交易策略。

　　例如，在交易分析标签里，你可以看到重要的胜率和每天、每个小时的胜率。

图表74　EA分析大师显示最重要的胜率数据

　　仔细研究这些信息，使用它们改进你的策略。可以只修改一个地方，然后再次测试你的策略。记录改变的地方和结果，你肯定不想做重复的无用功，但是如果你不记下来的话，很可能这个改变你先前已经试过了。

　　记住你的目标很简单：增大胜率！不用关注报告里显示的盈利和损失，因为这只是通过买入和卖出价进行的计算而已。只要你交易的是二元期权，唯一要关心的事情就是胜率。如果你的胜率高于我们前面计算要求的胜率，那么你就肯定会赚钱。如果你的胜率达不到要求胜率，不要使用这个交易策略。

实盘交易

一旦你对你的交易策略表现满意，就是时候在你的模拟账户中允许专家建议做实盘交易了。

点击顶部栏的专家建议图标，激活这个功能。

图表 75　激活专家建议

实盘交易功能激活时，专家建议图标为绿色。

点击正在使用的图形，按 F7 打开专家建议属性，同时激活实盘交易。

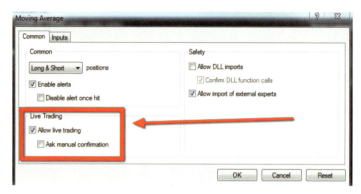

图表 76　激活专家建议"移动平均线"实盘交易

　　如果专家建议的实盘交易功能被激活，你可以在它的名字旁边看到一个笑脸。

图表 77　专家建议"移动平均线"旁边的笑脸表示
它正在实盘交易

你的**专家建议**会监视价格变动，一旦条件被满足会自动开仓。你看到这个开仓行动的时候，就在你的二元期权平台做同样的交易（交易数量会在资金管理章节讨论）。

可以观察专家建议开设的仓位，在底部终端的日志标签里，如果没有看到，可以按 Ctrl+T。

记住，你关心知识开仓的时间、交易的资产和买入还是卖出。然后到你的资金管理系统（后面讨论），决定你是否要交易，如果是要交易多少。

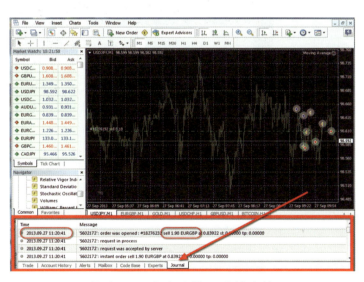

图表 78　专家建议开设的仓位

终端的日志标签显示专家建议"移动平均线"在 11

：30 开仓一个欧元兑英镑的卖出交易。

如果想要更便捷的话，你也可以安装一个专家建议，发出声音和弹出一个劲爆窗口每次新交易开仓的时候。EA"警报器"就有这个功能，这是送给每个这本书读者的小礼物。

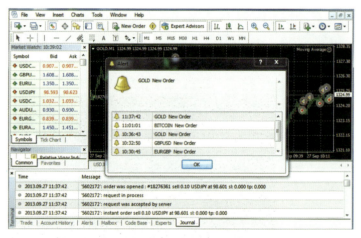

图表 79　EA "警报器"

每次新交易开仓时，EA "警报器"都会发出声音，同时弹出一个警报窗口。

总览

　　下图给出了我们已经学习的交易策略开发过程的总览。

　　决定要交易的二元期权类型，当然要看你的交易商是否提供这种类型和品种。平均回报率也是一个考量，因为你知道，回报率越高，你需要赚钱的胜率就越低。当然这也是一种悖论，更高的回报率必然代表着更低的成功的可能性。

　　你也需要了解交易每个品种的最少数量，而且要选择适合自己的数量。你要决定你交易哪个品种，每个交易持续多长时间，使用哪个时间框架，利用哪几个技术指标。

　　如果是测试你的策略，定义一个测试的数据范围和最低的胜率要求。如果策略通过了你的标准，你应该使用样本数据以外的数据再来测试它。最后，通过改变它的组件，增加或删减技术指标来改进你的策略。

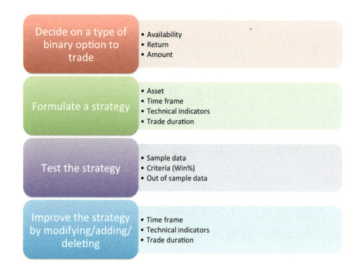

图表 80　策略开发过程总览

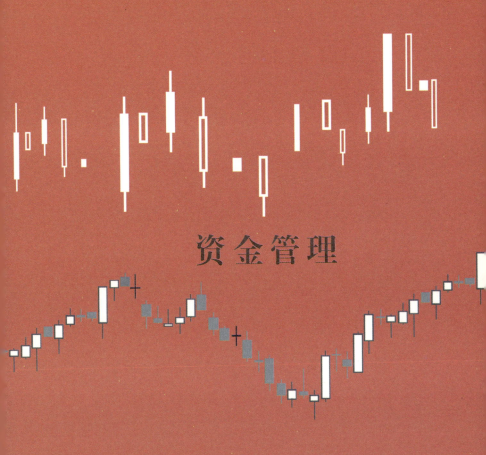

资 金 管 理

什么是资金管理

投资的首要规则就是不要亏钱。

第二重要规则是永远不要忘记第一条。

——沃伦·巴菲特

资金管理的本质是决定每笔交易应该投入的金额，终极目的是使用投资的资金，从长期来说，获得最大的回报率。如果没有资金管理这一部分，那么交易系统就是不完整的。事实上，许多交易策略能够赚钱，最主要的就是它有一个非常好的资金管理系统。而彻底失败的策略，则因为缺少了资金管理。

资金管理的核心内容就是仓位控制，简单来说，就是每笔交易你应该投入多少钱。请注意，没有哪个交易系统可以告诉你应该投多少钱。所以这是一个非常个人的决定，和你的净资产、现金流和风险偏好直接相关。

我们现在通过了最低的开户入金要求，对这一点唯一要说的是，如果你发现满足这个要求都很困难的话，那么二元期权和你就没什么关系了。

另一方面，在你准备入金一大笔钱的时候，问问你自己："如果我用 1000 欧元没办法盈利，我用 50000 欧元就可以吗？理由是什么？"

保持一个合理比例的保证金，让你的资金随着你交易技巧和信息的提高而增加。

资金管理最基本的目的就是避免下重注，如果下了重注，一两个错误的交易就可以让你永难翻身。如果没有完整的交易系统，这种情况其实很容易发生，因为你很有可能连续做错方向。

如果你每笔交易都投入你资金的 10%，5 次连续做错，你就已经损失了 50%。尽管是没有爆仓；如果你的平均回报率是 70%，你需要连续做对 7 次，才能填平这个亏损。

账户资金不可避免的会波动，要承受由此导致的不良情绪，你必须信任你的交易策略和资金管理系统。这种信任只能通过了解系统原则和对资金波动的合理预计而形成。

接下来是对一些资金管理系统的总览。完整的了解它们，你才可能更好的利用它们。

大多是系统都是从赌博里产生的，因为赌博里，回报率和成功的可能性是已知且恒定的。

交易二元期权的时候呢，回报率我们也可以提前知道，所以，这些系统还是很适用的。

另一方面，你的交易系统的胜率是否稳定，这个就很关键了，这一点你必须自己经常监控并且调整交易系统。

有了以上告诫，你就应该在资金管理的各个环节和内容上，多花点时间，多思考。

直觉系统

这个名字的意思就是，没有系统。

你的直觉告诉你什么，你就偏听偏信，然后交易。

如果你觉得你可能会输，你就赌小一点，如果你觉得你会赢，你就赌大一点。大和小取决于你的"确信"程度和资金情况。

如果你是一个通灵者，或者已经学会了占卜的能力，这个系统就最适合你了。

开始你可能觉得你做不到，但是如果你观察下使用这个系统的人们，很可能你的想法会转变。

如果你想要在这个领域提高你的水平，你可以比大受欢迎的马克思·冈瑟的《华尔街和巫术：极端和非常投资技术调查》做的更烂。

输后加倍下注系统

原始的输后加倍赌法

输后加倍下注系统诞生于赌博盛行的 18 世纪法国。主要针对的是猜硬币赌博，赌徒猜对赢钱，猜错输钱。

输后加倍下注系统看上去是必胜的，因为赌徒后面一次加倍的赌注如果赢了的话，就可以把前面所有的损失都弥补回来，而且还有得赚。当然，这个赌徒必须有无穷无尽的资金，这样即使运气糟糕，他也还有机会赌下一把。但是由于赌注的指数级增长，所以这就意味着他多半做不到。

这个系统也假设赌注没有上限，这一点在二元期权交易和赌博里，其实都做不到。

用输后加倍下注的方法玩二元期权

如果要在二元期权里使用这个系统，首先设定初始交易的金额，比如说 50 欧元。

如果赢了，下一笔还是交易 50 欧元。

如果输了，就增加下注金额，到能够弥补你的损失，而且还能盈利的数额。

你可以计算出那个金额，用 50 欧元除以回报率，然后加上 50 欧元。

如果回报率是 70%，你需要下注 122 欧元。（50 欧元/70%+50 欧元）。

如果你赢了，下一笔又开始只交易 50 欧元，如果你输了，下一笔就交易 296 欧元 ［（50 欧元+122 欧元）/70%+50 欧元］。

这里的理论是，即使连续输了很多把，用这个方法，你总是可以赢回你所有的钱。当然，也需要假设你的资金是无限的，而且你的交易商没有设置下注的上限。

事实上，交易商都对赌注设定了上限：

Banc de Binary 的上限是 3000 欧元，24option. com 是 50000 欧元，Binary. com 的上限是回报结果为 100000 欧元的下注额。

以 50 欧元开始，胜率为 60% 的交易策略，使用输后加倍下注系统，只要 5 次连续失败，再要下注的金额就超过了 Ban de Binary 的上限，8 次连续失败，就超过了 24option. com 和 Binary. com 的上限。

吃惊吗？

Trade #	Trade amount	Probability of # losses
1	50	40.000%
2	122	16.000%
3	296	6.400%
4	719	2.560%
5	1,746	1.024%
6	4,240	0.410%
7	10,298	0.164%
8	25,009	0.066%
9	60,736	0.026%
10	147,502	0.010%
11	358,219	0.004%
12	869,960	0.002%
13	2,112,760	0.001%
14	5,130,989	0.000%
15	12,460,973	0.000%

图表81　输后加倍下注法的做错概率

回报率为 70% 的二元期权中使用输后加倍下注法，如果都做错，损失的金额。胜率为 60% 的交易策略连续做错 N 次的可能性列在第三栏中。

看一下第三栏中，连续 6 次和 9 次做错的概率，如果胜率是 60% 的话，结果是非常小的，分别是 0.410% 和 0.0256%！

所以一百万年才会发生一次，你觉得呢？

这让我不得不想起 1913 年 8 月 18 日，发生在蒙特卡洛赌场中轮盘赌的故事。

赌徒都涌到一个特别容易出黑色结果的桌子上。当结果第 20 次还是黑色的时候，很多赌徒都把自己全部的身家，甚至借来的身家，全部压到了红色上，下一把，无论如何也不可能是黑色了吧。大家都觉得，这种一直黑色的结果，总归会结束的。然后，当最后开始的结果是黑色，而且后面还连续 6 次开出黑色后，那些一贫如洗的赌徒都沉默了。

就像我叔叔莫菲后来说的"如果有件事没道理，它会一直没道理下去！"

帕罗利系统

作为一个与输后加倍下注系统相对立的系统，它的起源是法罗牌比赛，它的原则就是越赢越加倍赌注。

它推崇的是以小博大，用很小的资金，如果运气很好，就一直赌下去，直到盈利100%。

除了初始资金，使用帕罗利系统以前，还有另外一个事情必须注意，那就是多少次以后你不再继续翻倍赌注，而回到初始的金额。

许多交易者都使用3这个数字。

如果你开始交易10欧元，然后你赢了，你再交易20欧元，赢了就下40欧元，如果你还在赢，下80欧元，不管最后的结果是什么，你再从头开始下10欧元。

你可以使用概率来帮助你决定最大连续胜场的次数。

例如，交易系统胜率为70%，四次连续获胜的概率是：

- $70\% \times 70\% \times 70\% \times 70\% = 24\%$

基本上来说，如果 W 是交易系统的胜率，N 是连续获胜的次数，则达到 N 的可能性是：

- P = W^N（代表指数）或者简单的 = W×......×W（W 乘以 N 个自己）

我好像听到你问，要达到指定 N 的最小概率是多少呢？

朋友，你问的问题不对啊！

你真正应该问的问题是：

"我觉得今天自己运气如何？"

使用帕罗利系统交易二元期权

如果要在二元期权中使用帕罗利系统，你应该把你赢的钱加到前一笔投入上：

- 如果赢了，下一笔交易的金额＝前一笔的赌注＋前一笔赌注×回报率

例如，如果回报率为 70%，初始投入为 10 欧元，你应该增加 7 欧元，也就是 17 欧元投入下一笔交易，当然，前提是你这一把赢了。

如果输了，那还是交易 10 欧元。

如果你投入 17 欧元的那一把也赢了，那下一把应该投入的就是：

- 28.90 欧元（17 欧元+17 欧元×70%）

又赢了，就下 49.13 欧元，依此类推。

戴伦波特系统

归功于 18 世纪法国数学家和物理学家，让·巴普蒂斯特 乐·隆德·戴伦波特，这个系统要求你首先定义你的基本交易数量，或者单位。

如果输了的话，每次加上一个单位，如果赢了，就减少一个单位。

这个系统还有一个变形，也就是反向戴伦波特法，如果赢了，增加赌注，输了减少赌注。

假设你的交易单位是 5 欧元。

下面是戴伦波特系统的工作方式：

- 交易 5 欧元，输了。
- 交易资金增加 5 欧元。
- 交易 10 欧元，输了。
- 交易资金增加 5 欧元。
- 交易 15 欧元，赢了。
- 交易资金减少 5 欧元。

- 交易 10 欧元，输了。
- 交易资金增加 5 欧元。
- 交易 15 欧元，输了。
- 交易资金增加 5 欧元。
- 交易 20 欧元，赢了。
- 交易资金减少 5 欧元。
- 交易 15 欧元，赢了。
- 交易资金减少 5 欧元。
- 交易 10 欧元，赢了。
- 交易资金减少 5 欧元。

依此类推。

二元期权中使用戴伦波特法

就像输后加倍下注系统和帕罗利系统一样，这个也是针对投硬币赌博发明的。我们也可以调整它，使它适应二元期权，计算在二元期权中，应该如何增加或减少交易资金。

- 改变的金额 = 交易单位 / 平均回报率

例如，如果回报率为 80%，单位是 20 欧元，如果输了，就增加 25 欧元（20 欧元/80%），到 45 欧元。

再输，新的赌注为 70 欧元（45 欧元+25 欧元）。

赢了，下一笔就下 45 欧元（70 欧元−25 欧元），依此类推。

斐波那契系统

莱昂纳多·皮萨诺·毕格罗，大家所熟知的斐波那契，是 13 世纪非常重要的意大利数学家，是他把阿拉伯数字引入到了欧洲。他也让全世界都知道了斐波那契数列。

在斐波那契数列里面，前两个数字定义为 0 和 1，后面的数字就是它前面两个数字的和。

- 0，1，1，2，3，5，8，15，21，34，55，89，144……

看上去这个数列是用来回答一开始只有一对兔子，如果每对兔子每个月可以生一个兔子的话，最后可以繁殖出多少只兔子的问题。

斐波那契数列似乎是从自然世界中显现出来的。植物树叶的个数，花瓣的数目，都符合斐波那契数列。

如果你把两个连续的斐波那契数进行相除，得到的结果是 1.61803，它被称作"黄金比例"。

甚至著名的帕斯卡三角中，也有斐波那契数记载。

有很多将斐波那契数列应用于交易中的书籍。《傻瓜：斐波那契的一生》是一本非常有趣的传记。

就像使用戴伦波特系统一样，使用斐波那契系统，你首先要定义基本交易金额或者单位（你可以把这个单位看作是你交易策略中的一个参数）。

如果输了，按斐波那契数列的方式增加你的交易资金（忽略 0）。

例如，交易单位是 50 欧元。

看下面的过程：

- 交易 50 欧元，输了。
  斐波那契数列第一个数字是 1，所以交易资金不变。
- 交易 50 欧元，输了。
  斐波那契数列第二个数字是 1，所以交易资金不变。
- 交易 50 欧元，输了。
  斐波那契数列数三个数字是 2，交易资金增加到两个单位。
- 交易 100 欧元，输了。

斐波那契数列第四个数字是 3，交易资金增

加到 3 个单位。

- 交易 150 欧元，输了。

    斐波那契数列第五个数字是 5，交易资金增

    加到 5 个单位。

- 交易 250 欧元，输了。

    斐波那契数列第六个数字是 8，交易资金增

    加到 8 个单位。

- 交易 400 欧元，输了。

    斐波那契数列第七个数字是 13，交易资金增

    加到 13 个单位。

- 交易 650 欧元……

当你赢的时候，就交易你当前单位数量和前一个斐波那契数列数字差值的单位数量。

一直继续到只交易一个单位为止。

- 交易 650 欧元，赢了。

    相减两个数字（13 和 8）。

    是 5 个单位。

- 交易 250 欧元，赢了。

    相减两个数字（5 和 3）。

是 2 个单位。

- 交易 100 欧元，赢了。

  相减两个数字（2 和 1）。

  也就是一个单位。

- 交易 50 欧元……

二元期权中的斐波那契法

对于戴伦波特法的调整在这里也适用：

- 调整后交易单位＝交易单位/平均回报率

所以你就使用调整后的交易单位，继续参照上面例子的方法。

资金百分比系统

很多交易者经常选择的一个方法是每笔交易都投入当前资金的一个固定百分比。一个合理的范围是 2% ~ 5%之间，具体多少，看你自己的交易风格。

如果你的资金是 1000 欧元，选择 2%的值，那么你第一笔交易就是 20 欧元（1000 欧元×2%）。

假设回报率为 75%，如果赢了，你的资金就变成了1015 欧元（1000 欧元+20×75%）。

下一笔交易的金额就是 20.30 欧元（1015 欧元×2%）。

如果输了，你的资金变成 994.70 欧元（1015 欧元-20.3 欧元）。

你的资金增加，你的交易规模也增加。

如果遭受亏损，资金减少，交易规模也减小。

这比使用每笔固定交易金额方法要好，因为一段时间以后，固定金额相比于你的资金要么显得太小，要么显得太大。

为了说明这两者的区别，我来运行一个蒙特卡洛模拟。

这是在 19 世纪 40 年代，洛斯阿拉莫斯实验室里进行的原子弹项目中完善起来的技术。它可以估算不确定结果的概率，通过建模，使用计算机模拟成千上万次的方法。

项目中的核科学家是赌博的超级粉丝，并且在著名的蒙特卡洛赌场之中，对赌博技术进行了洗礼。

当时，他们使用巨大的埃尼亚克（电子数字积分器和计算机）来运行计算，但是现在，任何个人电脑都可以使用 Excel 来完成那个计算，尽管可能需要耗费一定的时间。

查看在 Excel 中运行蒙特卡洛模拟部分，学会自己来进行模拟。

在我的模拟中，我使用65%的胜率和70%的回报率，测试了 500 个交易的 10000 种组合。

设定初始资金为 10000 欧元，固定投资金额为 200 欧元，资金比例为 2%，所以两个系统中的第一笔交易是相同的。

表格显示了前十笔交易，500 个交易的 10000 个组合中的一个。

Trade #	Win/Loss	Bankroll	Fixed amount	Bankroll	% of bankroll
1	Win	10,000	200	10,000	200
2	Win	10,140	200	10,140	203
3	Win	10,280	200	10,282	206
4	Loss	10,420	200	10,426	209
5	Win	10,220	200	10,217	204
6	Win	10,360	200	10,360	207
7	Win	10,500	200	10,505	210
8	Win	10,640	200	10,652	213
9	Win	10,780	200	10,801	216
10	Loss	10,920	200	10,952	219

图表 82　蒙特卡洛模拟

　　500 个交易中的前 10 个，10000 个模拟中，我用来比较固定金额系统和固定资金百分比系统。"资金"栏显示了交易前的资金余额。在第十个交易上，以亏损结束，固定金额系统的交易前资金为 10920 欧元，固定百分比系统的是 10925 欧元。

　　模拟显示 500 笔交易以后，固定金额系统的平均资金为 21083。而固定百分比的结果是 30257，比固定金额系统的结果高了 44%。而且 500 笔交易的平均下注金额为 366 欧元，比固定金额的 200 欧元高了 83%。所以在系统正常运行，也就是可以盈利的情况下，我们下注了更多，所以最后的资金也更多。

凯利系统

由活跃在 50 年代的 J L 凯利开发。凯利百分比、凯利系统、凯利准则、凯利公式……这一系列名词都是说的他的资金管理系统，在确定胜率和回报率的情况下，它的效果是所有资金管理系统里最好的。

教授爱德华·O. 索普，著名的《打败交易商》的作者，使得凯利的工作为大众所熟知。爱德华教授也是第一个可穿戴电脑的发明人，对冲基金经理中的佼佼者，还有很多其他的成就。

尽管不是没有反对的声音（据说诺贝尔经济学奖得主保罗·萨穆埃尔森在提到这个名字的时候勃然大怒），但是凯利百分比仍然被很多当今主流的投资巨擘使用，比如高盛、伯克希尔哈撒韦的沃伦·巴菲特和太平洋投资管理公司的比尔·格罗斯。

凯利公式看起来很简单：

- 凯利百分比 = ［W× (R+1) −1］／R

- W＝交易策略的平均胜率，R＝平均回报率

公式的结果是一个数字，也就是下笔交易中你应该使用的资金百分比是多少。

例如，W＝60%，R＝70%，凯莉百分比为2.86%，如果你的资金是1250欧元，那么你就应该下注35.75欧元（1250欧元×2.86%）。

需要指出的是，凯利公式的目的是最大的收益，所以，过程中也会产生相对较大的资金回撤。

如果你希望过程更平稳，波动更小，你可以使用"半凯利法"或者"四分之一凯利法"，也就是计算出凯莉百分比后，再除以2或者4，得到你要下注的百分比，如果是上面的例子话，就分别是1.43%和0.715%。

你可以下注的比凯利百分比少，但是，无论如何你不可以下的比这个百分比多。因为这很可能导致爆仓。（一个技术术语，描述你的资金变为0）。

系统比较

为了比较上面介绍的 6 个资金管理系统，我用两个交易策略来运行蒙特卡洛模拟。我模拟了 1000 个交易的 10000 种结果组合。如果过程中需要交易的资金大于还剩的资金，就全部交易。

结果如下：

交易策略 A

平均回报率 70%，胜率 60%，数学期望 0.02，起始资金 5000 欧元，初始下注金额 100 欧元。

Trade #	Win/Loss	Martingale Bankroll	Bet	Paroli Bankroll	Bet	d'Alembert Bankroll	Bet	Fibonacci Bankroll	Bet	% of bankroll Bankroll	Bet	Kelly Bankrol	Bet
1	Loss	5,000	100	5,000	100	5,000	100	5,000	100	5,000	100	5,000	143
2	Win	4,900	243	4,900	100	4,900	243	4,900	143	4,900	98	4,857	139
3	Win	5,070	100	4,970	200	5,070	100	5,000	143	4,969	99	4,954	142
4	Win	5,140	100	5,110	400	5,140	100	5,100	144	5,038	101	5,053	144
5	Loss	5,210	100	5,390	800	5,210	100	5,200	143	5,109	102	5,154	147
6	Loss	5,110	243	4,590	100	5,110	243	5,057	143	5,007	100	5,007	143
7	Win	4,867	590	4,490	100	4,867	386	4,914	143	4,907	98	4,864	139
8	Win	5,280	100	5,137	243	5,014	243	5,014	143	4,975	101	4,961	145
9	Win	5,350	100	4,700	400	5,307	100	5,115	143	5,045	101	5,061	145
10	Win	5,420	100	4,980	800	5,377	100	5,215	143	5,116	102	5,162	147

图表 83　6 个资金管理系统的比较

1000 笔交易的 10000 种组合中前 10 个交易的模拟，

比较 6 种自己管理系统，回报率 70%，胜率 60%。

最大连续胜场为 12.7，最大连续输场为 7。下面是 6 个系统以最后资金数额进行排序的结果。也显示爆仓结果的百分比。

- 凯利法结束资金：10777 欧元（+116%），爆仓概率：0%。
- 戴伦波特法结束资金：10480 欧元（+110%），爆仓概率：24%。
- 帕罗利法结束资金：9922 欧元（98%），爆仓概率：15%。
- 斐波那契法结束资金：8868（+77%），爆仓概率：9%。
- 固定百分比法结束资金：8548 欧元（+71%），爆仓概率：0%。
- 输后加倍下注法，结束资金：8061 欧元（+61%），爆仓概率：40%。

交易策略 B

平均回报率 70%，胜率 61%，数学期望 0.037，起始资金 1000 欧元，初始下注金额 10 欧元。

Trade #	Win/Loss	Martingale Bankroll	Bet	Paroli Bankroll	Bet	d'Alembert Bankroll	Bet	Fibonacci Bankroll	Bet	% of bankroll Bankroll	Bet	Kelly Bankroll	Bet
1	Win	1,000	10	1,000	10	1,000	10	1,000	10	1,000	30	1,000	164
2	Win	1,007	10	1,007	20	1,007	10	1,007	14	1,022	31	1,118	183
3	Win	1,014	10	1,022	40	1,014	10	1,017	14	1,044	31	1,250	205
4	Win	1,022	10	1,050	80	1,022	10	1,027	14	1,066	32	1,397	229
5	Loss	1,029	10	1,108	10	1,029	10	1,037	14	1,089	33	1,562	256
6	Win	1,019	24	1,098	10	1,019	24	1,023	14	1,056	32	1,306	214
7	Win	1,036	10	1,105	20	1,036	10	1,034	14	1,079	32	1,460	239
8	Win	1,043	10	1,120	40	1,043	10	1,044	14	1,102	33	1,633	268
9	Win	1,050	10	1,148	80	1,050	10	1,054	14	1,126	34	1,825	299
10	Loss	1,058	10	1,206	10	1,058	10	1,064	14	1,151	35	2,041	334

图表84　6个资金管理系统的比较

1000笔交易的10000种组合中前10个交易的模拟，比较6种资金管理系统，回报率70%，胜率61%。

最大连续胜场为14.6，最大连续输场为6.2。下面是6个系统以最后资金数额进行排序的结果。也显示爆仓结果的百分比。

- 凯利法结束资金：10100欧元（+910%），爆仓概率：0%。

- 固定百分比法结束资金：3709欧元（+271%），爆仓概率：0%。

- 戴伦波特法结束资金：2263欧元（+126%），爆仓概率：8%。

- 帕罗利法结束资金：1994欧元（99%），爆仓概率：1%。

- 输后加倍下注法，结束资金：1826欧元

（+83%），爆仓概率：30%。

- 斐波那契法结束资金：1670（+67%），爆仓
概率：2%。

我们学到了什么？

大致一看，我们就知道凯利系统是最好的，最后资金也最多，也没有爆仓记录。

交易策略 A 的测试中，结果差别并不算很大，然而在交易策略 B 的测试中，结果差别巨大，凯利系统的回报率令人惊讶。

我们知道交易策略 B 比 A 好，因为它的数学期望是 0.037，而 A 的只有 0.02。我们注意到交易策略 B 的测试中，爆仓率都显著下降，这是因为胜率由 60% 升高到 61% 吗？

那我们用一个更高的胜率来运行蒙特卡洛模拟，找出答案。

交易策略 C

平均回报率 70%，胜率 62%，数学期望 0.054，起始资金 100 欧元，初始下注金额 2 欧元。

Trade #	Win/Loss	Martingale Bankroll	Bet	Paroli Bankroll	Bet	d'Alembert Bankroll	Bet	Fibonacci Bankroll	Bet	% of bankroll Bankroll	Bet	Kelly Bankroll	Bet
1	Win	100	2	100	2	100	2	100	2	100	2	100	8
2	Win	101	2	101	4	101	3	101	3	101	2	105	8
3	Loss	103	2	104	8	103	3	104	3	103	2	111	9
4	Loss	101	5	96	2	101	5	101	3	101	2	103	8
5	Win	96	12	94	2	96	8	98	3	99	2	95	7
6	Win	104	2	96	4	101	5	100	3	100	2	100	8
7	Loss	106	2	98	8	105	3	102	3	102	2	105	8
8	Win	104	5	90	2	103	5	99	3	100	2	97	7
9	Win	107	2	92	4	106	2	101	3	101	2	102	8
10	Win	108	2	95	8	108	2	103	3	102	2	108	8

图表 85　6 个资金管理系统的比较

1000 笔交易的 10000 种组合中前 10 个交易的模拟，比较 6 种自己管理系统，回报率 70%，胜率 62%。

最大连续胜场为 13.3，最大连续输场为 6.6。下面是 6 个系统以最后资金数额进行排序的结果。也显示爆仓结果的百分比。

- 凯利法结束资金：10274 欧元（+10174%），爆仓概率：0%。

- 戴伦波特法结束资金：393 欧元（+293%），爆仓概率：13%。

- 帕罗利法结束资金：356 欧元（+256%），爆仓概率：6%。

- 固定百分比法结束资金：329 欧元（+229%），爆仓概率：0%。

- 斐波那契法结束资金：289（+189%），爆仓概率：4%。

- 输后加倍下注法，结束资金：282 欧元

（+182%），爆仓概率：33%。

凯利系统的优势愈发明显，整体资金回报率已经无可匹敌了，这确实是因为交易策略数学期望的提高。

然而，使用凯利法通向成功的旅程可相当不轻松，压力巨大。凯利法会产生巨大的资金回撤，这对最刚毅的投资者的神经也会产生巨大的压力，你可以看看下面这张图。

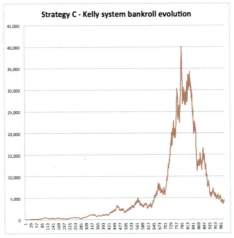

**图表86　使用凯利资金管理系统，交易策略 C，
1000 笔交易中账户资金的变化情况**

资金首先下滑到 5000 欧元以下，然后在第 700 笔交易以后开始快速升高，然后达到 40000 欧元的巅峰。如果使用半凯利法或者四分之一凯利法，这个过程就会平滑很多。

交易多个策略

如果你交易的是多个策略，那么你可以将你的账户资金分成几个部分，然后分配到不同的策略上。最简单的办法就是根据策略的数学期望来分配，数学期望越高，回报的利润也越高，那么应该分配的资金也越多。

这里我谈的是资金分配，如果为了每个策略再去开个账户，就没有必要了。当然，你如果想，也可以那么做的。

例如你的账户资金是 3000 欧元，你使用四个交易策略，数学期望分别是 0.2、0.101、0.05 和 0.035，你就可以分配你的资金按数学期望所在的比例：

- 策略 1：$0.2 / (0.2 + 0.101 + 0.05 + 0.035) =$ 52%或 EUR 1 560
- 策略 2：$0.101 / (0.2 + 0.101 + 0.05 + 0.035) =$ 26%或 EUR 780

- 策略 3：0.05 / (0.2 + 0.101 + 0.05 + 0.035) = 13%或 EUR 390

- 策略 4：0.035 / (0.2 + 0.101 + 0.05 + 0.035) = 9%或 EUR 270

兑现

　　无论使用哪个系统，一旦你的资金翻倍了，你就应该从账户里取一笔钱出来。如果你这么做，你就可以使用无风险资金进行交易了，即使后来你都输光了，你也不会后悔。那么如果利润又累计了，为什么不再取一部分出来呢？把这个看作一个规则，这样你就不会错了。如果你会将利润的一部分取出，账户资金就不会增长的很快，但是这样更稳定，也不会产生灾难性的后果。记住，在兑现以前，它甚至不是你的钱，只是个数字而已。

　　前面的模拟里面，都没有提到取出部分资金，但是这个也是很容易加进去再次进行模拟的。为了说明，这里是加入下面几个前提的 1000 笔交易的 10000 个组合的蒙特卡洛模拟的结果。

- 平均回报率：70%
- 交易系统胜率：65%
- 资金管理系统：二元期权输后加倍下注法
- 起始资金：1500 欧元

- 初始下注：30 欧元
- 资金达到则提现金额：3000 欧元
- 每次提现的金额：1500 欧元

所以简单来说，就是自己翻倍后，则提现。

蒙特卡洛模拟结果如下：

- 平均结束资金：336 欧元
- 平均提现资金：4836 欧元
- 爆仓概率：42%

Trade #	Win/Loss	Withdraw	Martingale Bankroll	Bet
1	Win		1 500	30
2	Loss	0	1 521	30
3	Loss	0	1 491	73
4	Win	0	1 418	177
5	Win	0	1 542	30
6	Win	0	1 563	30
7	Loss	0	1 584	30
8	Win	0	1 554	73
9	Loss	0	1 605	30
10	Win	0	1 575	73

图表 87　1000 笔交易的 10000 种组合中的头 10 笔交易，
假设资金翻倍后则提现 1500 欧元

现在看看相同的模拟结果，这次没有将钱提出：

- 平均结束资金：7434 欧元
- 平均提现资金：0 欧元
- 爆仓：23%

总结一下，1000 笔交易，然后每次资金翻倍就取出，则平均结果为 5172（336 欧元+4836 欧元），这里面大部分的钱是中间你就已经拿到手了。爆仓率是 42%，但是你可能已经获利不少了。如果不取出来，则平均回报为 7434 欧元。爆仓率只有 23%，但是如果真的爆仓了，那就一分钱也没有了。哪一个更好呢？这是个人偏好问题，你也可以挖的更深，改变一下前提和模拟的参数，让它更符合你的交易风格和风险偏好，看看结果后，再来回答这个问题。

在 Excel 里面进行蒙特卡洛模拟是解释怎么完成这个工作的部分。

使用 Excel 进行资金管理

在 Excel 里面设定你的资金管理系统是非常简单的。下面是一个例子：

Strategy name		MyFirstOne				
Average winning percentage		62,0%	*Required return %*			*61,3%*
Money Management System		Kelly				
Kelly factor (1=100%; 2=50%; 4 = 25%)		2				

Trade #	Date	Bankroll	Return	Kelly %	Bet	Result
1	4/11/2013	2 500,00 €	70,00%	3,9%	97,00 €	Win
2	4/11/2013	2 567,90 €	62,00%	0,4%	9,00 €	Win
3	4/11/2013	2 573,48 €	75,00%	5,7%	146,00 €	Loss
4	4/11/2013	2 427,48 €	68,00%	3,1%	74,00 €	Win
5	4/11/2013	2 477,80 €	70,00%	3,9%	96,00 €	Loss
6	4/11/2013	2 381,80 €	54,00%	-4,2%	0,00 €	No trade
7	4/11/2013	2 381,80 €	71,00%	4,2%	101,00 €	Win
8	4/11/2013	2 453,51 €	63,00%	0,8%	21,00 €	Loss
9	4/11/2013	2 432,51 €	78,00%	6,6%	162,00 €	Win
10	4/11/2013	2 558,87 €	70,00%	3,9%	99,00 €	Win

图表 88　凯利百分比资金管理系统在 Excel 里面的计算

图形的上面，看到策略的总结信息，比如名字和胜率。通过这些参数，Excel 会自动计算要求的最低回报率，结果是 61.3%。

选择的资金管理系统是凯利百分比和一个因素 2，也就是"半凯利法"。

为了说明，这个例子显示了回报率从 54% 到 78% 的每一个交易的结果。现实中我们不会遇到回报率差别这么大的情况，对于一种二元期权，不同交易商给出的回报率差别不会超过 5%。

初始账户资金是 2500 欧元。回报率为 70% 时，Excel 告诉我们半凯利百分比是 3.9%，97 欧元。

结果栏显示第一笔交易是成功的。

资金增加了 67.90 欧元（97 欧元×70%）。

下一个交易的回报率只有 62%，凯利系统马上减少了交易金额，为 9 欧元。

注意在第六个交易中，凯利百分比是个负数，这表示此时不应该交易。这也和要求回报率为 61.3% 表达的意思一致。在那个水平下，你就不应该交易。

Strategy name		MyFirstOne			
Average winning percentage		62,0%	Required return %		61,3%
Money Management System		Martingale			
Initial amount to trade		50,00 €			

Trade #	Date	Bankroll	Return	Bet	Result
1	4/11/2013	2 500,00 €	70,00%	50,00 €	Win
2	4/11/2013	2 535,00 €	62,00%	50,00 €	Win
3	4/11/2013	2 566,00 €	75,00%	50,00 €	Loss
4	4/11/2013	2 516,00 €	68,00%	123,53 €	Win
5	4/11/2013	2 600,00 €	70,00%	50,00 €	Loss
6	4/11/2013	2 550,00 €	54,00%	142,59 €	Loss
7	4/11/2013	2 407,41 €	71,00%	250,83 €	Win
8	4/11/2013	2 585,50 €	63,00%	50,00 €	Loss
9	4/11/2013	2 535,50 €	78,00%	114,10 €	Win
10	4/11/2013	2 624,50 €	70,00%	50,00 €	Win

图表 89　Excel 计算的输后加倍下注资金管理系统

这个例子显示了输后加倍下注资金管理系统的情况。

标准交易金额是 50 欧元。亏损时增加交易一个单位标准金额，标准金额为前一笔的损失除以回报率。

对第 7 笔交易：50 欧元 + 142. 59 欧元/71% = 250. 83 欧元。

要获得这些计算公式，请阅读本书的免费资源部分。

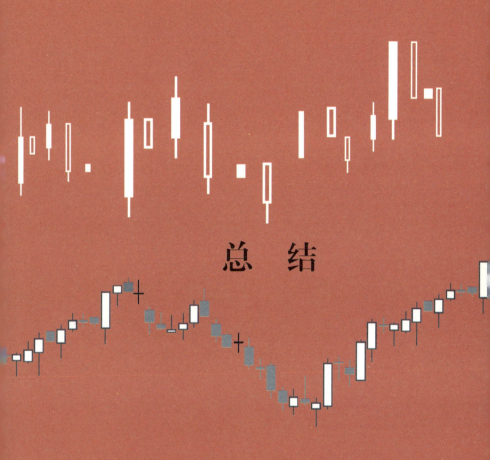

总　结

计划

我猜我应该警告你，如果我表达的非常清楚，你很可能已经误解我了。

——阿伦·格林斯潘

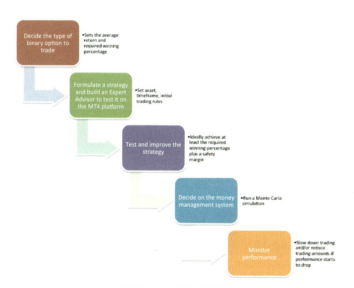

图表90　计划总览

现在你有一个全盘的计划！不要低估这个东西的重

要性。如果你遵守它，你就知道要交易什么，交易多少钱，你的决策也会比较理性。尽管这不能保证你成为一个百万富翁，但是它绝对可以提供你的交易表现。

　　同样，你学习的大多数内容都是你可以应用于其他市场的知识，比如外汇、股票市场。

最后的建议

我建议你在交易前，多测试几次你的交易策略。这甚至不能算是什么建议，这是常识，而我觉得，常识常常是最重要的。这不是说我建议你使用模拟账户交易。一旦你测试过，并且对你的交易策略有信心，那么就应该做真正的交易！

不要把你的金钱都放入投资账户中，除非你觉得你已经掌握了一切。用真金白银交易的好处是只有在那个时候，你才能切身地感受要坚定地使用自己的计划，在遇到连续的损失后，是多么的困难，有多大的心理压力。

记录你的交易，并像鹰一样时时监控你的交易策略表现。

资金管理表格可以用来显示策略的运行表现，比如下面这个截图：

你也可以让策略运行一段时间以后再下定论。

Strategy name		MyFirstOne				
Average winning percentage		62,0%	*Required return %*		61,3%	
Money Management System		Martingale				
Initial amount to trade		50,00 €				

Trade #	Date	Bankroll	Return	Bet	Result	Acc % Win
1	4/11/2013	2 500,00 €	70,00%	50,00 €	Win	100,0%
2	4/11/2013	2 535,00 €	62,00%	50,00 €	Win	100,0%
3	4/11/2013	2 566,00 €	75,00%	50,00 €	Loss	66,7%
4	4/11/2013	2 516,00 €	68,00%	123,53 €	Win	75,0%
5	4/11/2013	2 600,00 €	70,00%	50,00 €	Loss	60,0%
6	4/11/2013	2 550,00 €	54,00%	142,59 €	Loss	50,0%
7	4/11/2013	2 407,41 €	71,00%	250,83 €	Win	57,1%
8	4/11/2013	2 585,50 €	63,00%	50,00 €	Loss	50,0%
9	4/11/2013	2 535,50 €	78,00%	114,10 €	Win	55,6%
10	4/11/2013	2 624,50 €	70,00%	50,00 €	Win	60,0%

图表91　策略的运行表现显示在胜率栏中

条件筛选：当表现低于 61.3%（最低要求回报）时，该行数字显示红色。

在开始的 6 笔交易后，胜率才 50%。你应该担心吗？不，还太早。如果你已经测试过你的系统了，就更加不用担心。你应该做的是观察，而不是担心！

记住，你可以运行一个蒙特卡洛模拟，推测胜率62%，6 笔交易运行表现为 50% 的概率。使用你知道的东西！

要知道特殊的情况可能会冲击正常的交易过程。你应该避免在交易量很低的日子里面开仓，比如银行结算日、延长的工作日、圣诞节、新年这几个最明显的日子。也要小心那些会公布重要经济数据的日子。这些日子你的交易商都会提醒你，你也可以在 myfxbook 网站上查看经济日历。

记住获得你的免费资源。

最后，我希望你可以获得巨大的利润，也享受交易的乐趣。

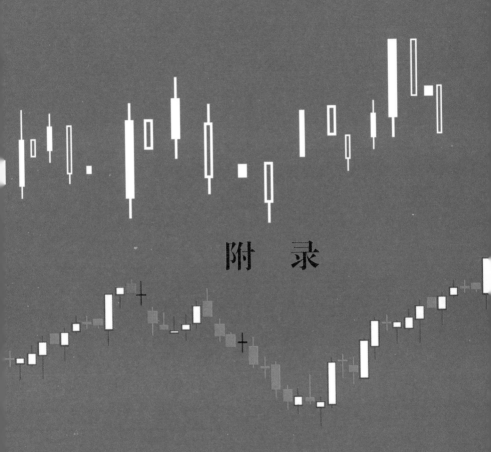

附　录

在 Excel 里运行蒙特卡洛模拟

理论和现实的鸿沟不在于理论，而在于现实。

听来的段子

你不需要是一个 Excel 专家，或者有特别的数据知识，就可以运行蒙特卡洛模拟。

让我们从一个简单的例子看它如何完成。假设你是要模拟投硬币。有两个结果，正和反，每个可能性都是 50%。

在 A1 单元格中输入文本"投掷次数"，然后在 A2 到 A11 中输入数字 1 到 10。然后再 B1 单元格中输入文本"结果"。

在 B2 到 B11 的每个单元格中都输入公式" =RAND-BETWEEN（1；2）"。

现在你的表格里面 B2 到 B11 里面会以 50% 的概率随机出现数字"1"或者"2"，"1"代表正面，"2"代表反面。

在单元格 A13 中，输入文本"正面 ="。在单元格

B13 中，输入公式"= COUNTIF（B2：B11；   "=1"）"。这个就会数出 10 次投掷中"1"的次数。

在单元格 A14 中，输入文本"反面 ="。在单元格 B14 中，输入公式"= COUNTIF（B2：B11；"= 2"）"。这个就会数出 10 次投掷中"1"的次数。

你应该有下图这样的结果：

图 92　简单的投硬币模拟

使用 Excel 里的 RANDBETWEEN 函数模拟 10 次投硬币，"1"代表正面，出现了 6 次，"2"代表反面出现了 4 次。

我们已经快速建立起来的是一个简单的模拟投 10 次硬币，其中出现证明和反面的概率各为 50% 的模型。如果我们模拟足够多的次数，这就被称为蒙特卡洛模拟。

　　特别注意，如果你按 F9，表格会进行一次重新计算，你也会得到新的正面和反面的次数。所以，如果我们连续按 F9 一千次，然后记下每次正面和反面的次数，再算出平均值，我们就有了自己的蒙特卡洛模拟。

　　我确定到目前为止，你已经热身好了，也按了好多次 F9 了。但是我非常抱歉，因为我本来可以告诉你更简单的办法。你只要下一个免费的 Excel 表格，名字叫做蒙特卡利托，然后打开蒙特卡利托表格，在提示框弹出的时候，允许宏运行就可以了。

　　这个表格还会提供一些说明，你可以自己读读看，我也会告诉你如何使用蒙特卡利托来获得投 10 次硬币的1000 次模拟。

　　先在单元格 D1，E1 和 F1 中输入文本"运行""正面"和"反面"。然后在单元格 D2 中输入数字 1000。这是我们将要进行模拟的次数。数字越大，计算的时间就越长。要有意义的话，至少要重复 100 次。

　　在单元格 E1 中，输入公式" = COUNTIF（B2：B11；" = 1"）"，也就是前面我们已经看到的出现正面的次数。

在单元格 F1 中输入公式 "＝COUNTIF（B2∶B11；"＝2"）" 来获得反面出现的次数。

	Toss #	Result		Runs	Heads	Tails
1	Toss #	Result		Runs	Heads	Tails
2	1	2		1000	4	6
3	2	1				
4	3	2				
5	4	1				
6	5	2				
7	6	2				
8	7	2				
9	8	1				
10	9	2				
11	10	1				

图 93　准备运行投 1000 次硬币的蒙特卡洛模拟

蒙特卡利托表格要打开，也要激活宏。

在左上角选择要运行的模拟次数（在我们的例子里是 D2 单元格），你感兴趣的是 D2 下面一点的右下角，最后一个公式的下面一行（我们的例子里是 F2）。

	Toss #	Result		Runs	Heads	Tails
1	Toss #	Result		Runs	Heads	Tails
2	1	2		1000	4	6
3	2	1				
4	3	2				
5	4	1				
6	5	2				
7	6	2				
8	7	2				
9	8	1				
10	9	2				
11	10	1				

图 94　空的蓝色单元格会给出蒙特卡洛模拟的结果

按 Ctrl+W 开始蒙特卡洛模拟，取决于你重复的次数和你电脑的性能，这个过程可能从几秒钟到几分钟不等，然后结果就会显示出来。

	A	B	C	D	E	F
1	Toss #	Result		Runs	Heads	Tails
2	1	1		1000	5	5
3	2	1		Mean	5,04	4,96
4	3	2				
5	4	2				
6	5	2				
7	6	1				
8	7	2				
9	8	2				
10	9	1				
11	10	1				

图95　开始蒙特卡洛模拟

Excel 完成它的计算以后，1000 次模拟得出的正面和反面的平均次数就会给出。

正面结果是 50.4%，反面结果是 49.6%，这和理论的 50%很接近。

记住，在我们投硬币开始的时候，正面的结果一度只有 40%，通过重复更多的次数，我们可以更好的明白长期结果是什么。

这就是所有你所需要知道的，你现在肯定知道怎么运行蒙特卡洛模拟了。

推荐读物

除了狗以外，书是人类最好的朋友。
但是狗的内心太难读懂了。

——格鲁乔·马克思

安装字母表顺序，下面是一些推荐读物，这些书里面都有很多非常棒的观点。

- Beat the Dealer by Edward O. Thorp
  《战胜庄家》，爱德华·索普著

- Bringing Down the House：The Inside Story of Six M. I. T. Students Who Took Vegas for Millions by Ben Mezrich
  《玩垮赌场：六个麻省理工学生从拉斯维加斯赢走百万的故事》，本·麦兹里奇著

- Busting Vegas by Ben Mezrich
  《摧毁都城》，本·麦兹里奇著

- Enemy Number One：The Secrets of the UK's Most Feared Professional Punter by Patrick Veitch
  《头号敌人：英国最恐怖赌徒的秘密》，帕特里克·维奇著

- Live on the Margin by Patrick Shulte
  《以交易利润为生》，帕特里克·舒尔特著

- Market Wizards：Interviews with Top Traders by Jack D. Schwager
  《股市怪杰：顶级交易者访谈录》，杰克·施瓦格著

- Reminiscences of a Stock Operator by Edwin Lefevre
  《股票大作手回忆录》，爱德温·利弗莫尔著

- Trade Your Way to Financial Freedom by Van Tarp
  《从交易到财务自由》，范·塔普著

- Trader Vic. Methods of a Wall Street Master by Victor Sperandeo.

《华尔街大师 Vic 的交易方法》，维克托·斯佩兰迪奥著

- Trading for a Living：Psychology，Trading Tactics，Money Management by Alexander Elder
  《以交易谋生》，亚历山大·埃尔德著

- Trading Rules that Work：The 28 Essential Lessons Every Trader Must Master by Jason Alan Jankovsky
  《交易规则：28 堂交易者必须掌握的课程》，杰森·阿兰·杨科夫斯基著

- Trend Following（Updated Edition）：Learn to Make Millions in Up or Down Markets by Michael W. Covel
  《趋势跟踪（更新版）：牛熊中赚百万》，迈克尔·科沃尔著

- Wall Street and Witchcraft：An investigation into extreme and unusual investment techniques by Max Gunther
  《华尔街和巫术：极端投资技术调查》，马克思·

冈特著

- What I Learned Losing a Million Dollars by Jim Paul

  《我从亏损一百万美元中学会的》，吉姆·保罗著

链接

每个人都活在交换之中。

——**亚当·斯密**

本书中提到的公司，产品和服务：

二元期权交易商

- Binary. com（formerly BetOnMarkets）
- Banc de Binary
- 24option. com

安全的在线入金平台

- Skrill（formerly Moneybookers）

讨论和分享交易策略的网站

- Strategy4Forex
- ForexStrategiesResources
- TradersLog

- EarnForex

- FxFisherman

- DailyFx

- BabyPips

- Forex-Strategies-Revealed

- ForexStrategyTraining

- Mayzus

- MQL4 / Automated trading Community

杂志

- Traders

- Currency Trader

- Today's Trader

- Active Trader

书

- Amazon Kindle shop

表格软件

- Excel

- Montecarlito

交易平台（作为辅助和提供信号用）

- AVATRADE
- MetaTrader 4 site

股票和指数历史数据下载软件

- MLDownloader（Windows）
- StockXloader（Mac）

外汇历史数据下载软件

- Tick Data Downloader software

外汇历史价格数据库

- Forex History Database

专家建议

- EA Wizard（to create Expert Advisors）
- EA Analyzer（to analyze EA's trading performance）

经济事件日历

- Economic Calendar at myfxbook

免费资源

生命中最好的事情都是免费的（最好是可以包装好再包邮！）。

——段子

如果本书的读者想要获得一些免费资源的话，可以给我发邮件，TBOFFAP@morbat.com，我会发给你：

I - 一个 Excel 工作簿，里面包含六个表格，分别对应六种资金管理方法，你可以选择你喜欢或者需要的。

II - 几个已经测试过，并且胜率超过60%的交易策略的基本原理，相信你可以从中体会到不少有用的东西。

- 欧元兑美元时间框架：M1, M5, M15, M30, H1, H4, D1。数据来源时间：01.02.2013 到 31.05.2013，测试时间：31.05.2013 到 31.07.2013。

- 美元兑日元时间框架：M1, M5, M15, M30, H1, H4, D1. 数据来源时间：01.11.2012 to 06.02.2013，测试

时间：06. 02. 2013 to 29. 03. 2013.

III - 专家建议"警报器"，在 MetaTrader 里面每次开仓时都会弹出一个警报窗口，被发出声音的小软件。

认识作者

我最大的问题就是我的收入和我的生活习惯不匹配！

—— 埃罗·弗林

　　何塞·马努埃尔·莫雷拉·巴蒂斯塔是一个个人交易者、投资者以及私人资金管理者。他在 20 世纪初就开始交易了，然后很机智地在 1987 年 10 月那个灾难性的星期一平掉了他的所有仓位。他是数家投资公司的执行

官，其中几家在业内颇有影响，并在大学教授金融、会计和房地产方面的内容。他周游世界，但是他大多数时候还是生活在葡萄牙卡斯凯思。在 morbat. com 网上你可以经常看到他的身影。